Silke Naun-Bates

Mein Weg in die Freiheit

Silke Naun-Bates

Mein Weg in die Freiheit

Bibliografische Information der Deutschen Bibliothek
Die Deutsche Bibliothek verzeichnet diese Publikation in der Deutschen Nationalbibliothek; detaillierte Daten sind im Internet über http://dnb.ddb.de abrufbar.

1. Auflage 2015
Originalausgabe
Copyright © 2015 Sheema Medien Verlag,
Inh.: Cornelia Linder, Hirnsbergerstr. 52, D - 83093 Antwort
Tel.: +49 (0)8053 – 7992952, Fax: +49 (0)8053 – 7992953
http://www.sheema-verlag.de
Copyright © Silke Naun-Bates

ISBN 978-3-931560-45-4

Coverabbildung: © Oberlephotoart, Frank Oberle 2015
Umschlaggestaltung: Sheema Medien Verlag, Schmucker-digital
Gesamtkonzeption: Sheema Medien Verlag, Cornelia Linder
Druck und Bindung: FINIDR, s.r.o., Český Těšín

Allgemeine Hinweise:
Das gesamte Werk ist im Rahmen des Urheberrechts geschützt. Jede vom Verlag nicht genehmigte Verwertung ist unzulässig. Dies gilt auch für die Verbreitung durch Tonträger jeglicher Art, elektronische Medien, Internet, photomechanische, und digitalisierte Wiedergabe sowie durch Film, Funk, Fernsehen einschließlich auszugsweisem Nachdruck und Übersetzung. Anfragen für Genehmigungen im obigen Sinn sind zu richten an den Sheema Medien Verlag unter Angabe des gewünschten Materials, des vorgeschlagenen Mediums, gegebenenfalls der Anzahl der Kopien und des Zweckes, für den das Material gewünscht wird.
Dieses Buch dient keinem rechtlichen, medizinischen oder sonstigen berufsorientierten Zweck. Die hier gegebenen Informationen ersetzen keine fachspezifische Beratung oder Behandlung. Wer rechtlichen, medizinischen oder sonstigen speziellen Rat oder Hilfe sucht, sollte sich an einen geeigneten Spezialisten wenden. Autor und Verlag übernehmen keine Haftung für vermeintliche oder tatsächliche Schäden irgendeiner Art, die in Verbindung mit dem Gebrauch oder dem Vertrauen auf irgendwelche in diesem Buch enthaltenen Informationen auftreten könnten.

*Gewidmet dem facettenreichen, bunten Leben.
So komplex und doch so einfach.*

INHALT

9 .... Vorwort von Cornelia Linder
15 .... Über dieses Buch
17 .... **Der scheinbare Unterschied**
18 .... Wie es dazu kam
25 .... Auswirkungen
33 .... **Der wirkliche und wesentliche Unterschied**
34 .... Grenzen ... und darüber hinaus
36 .... Rebellenjahre – wild, verrückt und experimentierfreudig
39 .... Alltag und Mobilität
43 .... Mein Körper – Ästhetik und Schönheit
45 .... Arbeit ...
59 .... und Berufung
65 .... Eine meisterhafte Verbindung
73 .... **Familienbande**
74 .... Meine Mutter
81 .... Mein Vater
82 .... Meine Schwester
85 .... **Im Dschungel der Finanzen**
99 .... **Kinder – Botschafter des Lebens**
9 .... Schwangerschaften und Geburten

106 ..... Alltag mit Kleinkindern
109 ..... Kindergarten
110 ..... Schule – oder der ganz normale Wahnsinn
116 ..... Berufswahl und Ausbildung
119 ..... Entwicklung und Wachstum
123 ..... **Im Brennglas der Liebe – emotionale Freiheit**
123 ..... Beziehungen
142 ..... Sexualität
145 ..... **Begegnungen mit dem Tod – geistige Befreiung**
157 ..... Mein JA zum Leben
159 ..... Die Frage nach dem Sinn …
169 ..... **Die Welt der Spiritualität**
175 ..... **Die Essenz – frei und glücklich**
179 ..... **Die Botschaft**
182 ..... **Ethik**
185 ..... **Aussicht**
186 ..... Danke
191 ..... Timeline
195 ..... Wichtige persönliche Lehrer und Inspirationsquellen
196 ..... Vita

VORWORT

Als ich Silke Naun-Bates bei einer Veranstaltung im Dezember 2013 zum ersten Mal sah, war ich zunächst komplett perplex – mein Verstand setzte für einen Moment aus, denn das, was ich sah, passte „irgendwie" nicht zusammen. Da saß diese strahlende Frau in ihrem bunten Shirt – schön, fröhlich, präsent und mit einer unglaublich positiven Ausstrahlung. Doch was mir den Atem verschlug, war, dass sie da saß – ohne Beine! – in einem Rollstuhl.

Wie kann ein Mensch, der so offensichtliche Einschränkungen hinzunehmen hat wie Silke, es schaffen, glücklich und frei zu leben? Denn das war (und ist) sie ganz offensichtlich. Diese und noch mehr Fragen wollte ich klären, als ich sie im Sommer 2014 anrief und fragte, was sie zu meiner Idee sage, ein Manuskript über ihre Geschichte in meinem Verlag zu veröffentlichen. Ihre Antwort war ganz einfach und klar: „Ja."

Entstanden ist ein sehr persönliches erstes Buch. Silke erzählt in ihrem ganz eigenen Stil ihren Weg: nicht chronologisch, das würde nicht zu ihr passen, sondern bunt gemischt – eingeteilt in unterschiedliche Lebensbereiche. Mit Humor, liebevoll, ehrlich und auf sanfte Art herausfordernd transportiert Silke ihre individuellen Erfahrungen und die daraus resultierenden Erkenntnisse. Sie erzählt uns ihr Leben, manchmal gleich einem autobiographischem Lebenslauf, um danach klar und tief ihre Weisheit mit uns zu teilen. Ihr Wunsch ist es, aufzuzeigen, dass jede Situation, jedes Erlebnis unserem persönlichen Wachstum dient (oder dienen kann), dass es stets weitergeht und wir wählen können, in welcher Qualität. Schmerz (sei er körperlich oder emotional) ist ein Teil des Lebens, Leid jedoch wird von uns selbst erzeugt. Wir Leserinnen und Leser werden hineingeworfen in ihre Geschichte – und wenn wir uns erlauben, einzutauchen, ohne Wenn und Aber, kann es sein, dass wir ganz neu sehend wieder auftauchen.

Noch immer bin ich still berührt und zutiefst dankbar für ihre Frage, ob ich das Vorwort zu diesem Buch schreiben möchte – und dieses Mal war ich selbst es, die mit einem einfachen „Ja" antwortete, denn was gibt es Schöneres, als einen Menschen mit Worten zu begleiten, der so außergewöhnlich ist wie Silke (auch wenn sie das nicht so gerne hört). Immer und immer wieder haben wir darüber gesprochen, dass das, was Außenstehende wie ich als etwas Besonderes ansehen, für sie und ihre Liebsten das Normalste der Welt ist. Nicht das Fehlen ihrer Beine empfindet sie als „Behinderung" oder „Einschränkung", sondern das, was die Menschen daraus machen. Und dennoch möchte ich sagen:

Für mich ist Silke ein Vorbild, eine Mutmacherin und ein wirklich besonderer Mensch.

„Mein Weg in die Freiheit" ist der treffende Titel für ihr Buch, und Silke fordert darin die Leserinnen und Leser bewusst und herzlich auf, bisherige Konzepte von Freiheit und Glück infrage zu stellen, zu erweitern oder auch vollkommen neu zu kreieren. Sie sagt: „Mein tiefer Wunsch ist es, dass jeder Mensch erkennt, dass wir alle freie Wesen sind mit dem Geburtsrecht, glücklich zu sein – vollkommen unabhängig von unserer Herkunft, unserem Glauben, unseren Konditionierungen und Erlebnissen der Vergangenheit." Silke nimmt uns mit auf eine Reise in ihre Vergangenheit und lässt uns daran teilhaben, wie sie zu ihren Erkenntnissen gelangte.

Sie gibt uns Einblicke in ihr Leben – mal nüchtern sachlich, mal emotional, und oft humorvoll und mit einem Augenzwinkern. Sie erzählt aus der Zeit vor dem Unfall, wie sie war als kleines, wildes, freiheitsliebendes Mädchen, wie sich ihr Leben danach entwickelte und sie zu dieser strahlenden Frau heranreifte, die sie heute ist. Denn nach dem Unfall war das nicht selbstverständlich, im Gegenteil – den Ärzten und ihrem Umfeld war damals klar: Silke gehört ab jetzt in die Schublade „körperbehindertes Neutrum". Ein Leben als Frau, Partnerin, geschweige denn Mutter wird für sie unmöglich sein. An Beruf und Arbeit gar nicht zu denken. Es stand fest, dass sie stets auf Hilfe und Unterstützung anderer Menschen angewiesen sein würde. Heute blickt Silke dankbar schmunzelnd zurück auf die Begrenztheit der damaligen Überzeugungen, welche sie verführten, das Gegenteil zu beweisen.

Dabei gestaltete sich ihr Leben nicht als „leicht" – und doch führte sie ein in ihren Augen ganz normales Leben. Der Unfall sollte nicht der einzige Schicksalsschlag bleiben: Silkes vollkommenes Ja zum Leben entsprang ihren zahlreichen Begegnungen mit dem Tod, welcher über eine gewisse Zeitspanne ihre gesamte Aufmerksamkeit auf sich lenkte. Das Einlassen auf den Tod und ihre daraus resultierenden Erlebnisse und Erfahrungen sind bis heute essenzielle Begleiter für sie. Ihre Beziehung zu ihren Kindern und Partnern waren und sind für Silke ihre wahrhaftigsten Lehrer. Im Brennglas der Liebe lernte sie Hingabe und Vertrauen an das Leben. Beruflich begleitet Silke seit mehr als zehn Jahren Menschen mit vielfältigen körperlichen und psychischen „Geschichten" auf ihrem Weg zurück in die Arbeitswelt. Seit 2014 bietet sie regelmäßig Seminare und Trainings an. Sie lebt und liebt gemeinsam mit ihrem Mann. Ihre beiden Kinder Samantha und Pascal sind bereits erwachsen. Alles in allem ein ganz normales Menschenleben. Und doch ist es so anders …

Dieses Buch berührt tief im Innern und fordert auf, bestehende Überzeugungen infrage zu stellen und eine kühne, wahrhaftige und authentische Wahl zu treffen. Es gibt Hoffnung und Mut, (wieder) Freude am Leben zu finden. Für mich ist es Motivation pur. Und dafür bin ich sehr dankbar.

Um die komplexen Zusammenhänge der einzelnen Lebensbereiche, die Silke beschreibt, besser verstehen zu können, haben wir an das Ende des Buches eine „Timeline" gestellt mit allen relevanten Daten. Sollten Sie also in dem einen oder anderen Kapitel mit den Ereignissen durcheinanderkommen, können Sie sich hier Klarheit verschaffen.

Cornelia Linder
Mai 2015

Sein ist Schweben zwischen Polen.
Tod ist Leben unverhohlen.
Traum ist innigstes Erwachen.
Liebe ist des Weltalls lachen.
Sinn ist Licht und ist Versenkung.
Schicksal Reinigung und Lenkung.

Karl Wolfskehl

ÜBER DIESES BUCH

Während du Seite für Seite liest, wirst du sehr Persönliches und Intimes über mich und mein Leben erfahren. Wir werden uns – über das geschriebene Wort – sehr nahe kommen. Meine Geschichte wird die deine berühren. Um dieser Berührung angemessenen Ausdruck zu schenken, begegne ich dir in diesem Buch mit einem respektvollen „Du".

Bitte nagele mich nicht an genaue Zeitangaben fest, insbesondere wenn du mich persönlich kennst und ein Stück meines Weges mit mir gegangen bist. Viele Erlebnisse fanden zeitgleich statt und manches Mal wundere ich mich selbst über die Vielfalt an Erfahrungen und deren Komplexität. Auf „exakte" Biografiearbeit hatte ich persönlich keine große Lust. Für mich sind die Erfahrungen und deren Essenzen wichtig. Zeit spielt für mich weniger eine Rolle.

Es mag sein, dass dich manche Sätze in diesem Buch herausfordern, mit anderen bist du vielleicht in Einklang. Einiges habe ich bewusst „herausfordernder" geschrieben, anderes sanfter und weicher.

Erinnere dich beim Lesen bitte stets daran:
Dies ist meine Geschichte, es sind meine Erinnerungen, meine Sichtweisen und Erkenntnisse. Nichts liegt mir ferner, als dir zu sagen, was für dich stimmig und angemessen ist. Das wäre aus meiner Sicht vermessen. Doch meine Geschichte kann dir, wenn du das möchtest, als Beispiel dienen für das, was möglich ist; als Erinnerung daran, wer du wirklich bist und zu was wir fähig sind; dir Mut machen, einen bisher vielleicht noch nicht gewagten Schritt zu gehen, dich in all deinen farbenprächtigen Facetten anzunehmen, zu lieben und der Welt zu zeigen.

indem wir meine Schwester hineinsetzten und sie einen Berg hinunterrollen ließen. Noch heute bin ich dankbar, dass am Ende der Straße eine Kurve kam, in der der Puppenwagen umkippte, ansonsten wäre meine Schwester auf einer viel befahrenen Kreuzung gelandet. Da sie die Jüngste in unserem Trio war, hatte sie einiges auszuhalten, um dabei sein zu dürfen.

Im Winter gingen wir Schlittenfahren, bis uns beinahe die Füße abfroren, bauten Schneemänner, seiften uns gegenseitig ein, lieferten uns wilde Schneeballschlachten, malten Schneeengel in den Pulverschnee und bauten Iglus, in denen wir versuchten zu übernachten, was jedoch stets misslang, da es uns zu kalt wurde und wir „so seltsame Geräusche" hörten.

Irgendwann war es so weit, dass ich in den Kindergarten gehen sollte. Da ich jedoch stets mit Abenteuern und anderen Abwechslungen ausgelastet war, fand ich die Idee nicht so gut. Der einzige Grund, der mich überzeugte, ab und zu dort vorbeizuschauen, war die Krone mit langen bunten Bändern, die Geburtstagskindern geschenkt wurde. Du kannst dir bestimmt vorstellen, wie enttäuscht ich war, als mir klar wurde, dass ich vor meinem Geburtstag bereits eingeschult werden sollte und somit keine Krone tragen würde.

Im Alter von fünf Jahren kam ich in die Schule. Ich war die

Jüngste der Klasse, was mir gefiel. Und weil ich stolz darauf war, ein „Viermonatskind" zu sein, erzählte ich das allen, auch der Lehrerin. Als sie mich fragte, was ich damit meine, erklärte ich ihr, dass ich nur vier Monate im Bauch meiner Mama gewesen war. Meine Eltern hatten im April 1967 geheiratet – und ich habe im August Geburtstag: somit war ich also ein Viermonatskind. Die Lehrerin bat daraufhin meine Eltern, mit der Aufklärung zu beginnen.

Vom Unterricht habe ich nur den Sportunterricht wirklich in Erinnerung. Eine besondere Freude war es mir, an den Seilen oder die Sprossenwand hochzuklettern. Auch Ballspiele liebte ich, vor allem solche, bei denen ich meinen Körper schnell bewegen musste. Doch das besondere Highlight war der Schwimmunterricht. Da ich bereits schwimmen konnte, durfte ich im ersten Halbjahr der dritten Klasse den Frei-, Fahrten- und Jugendschwimmschein ablegen. Das war bis dato das Beste, was ich im Bezug auf das Schwimmen erleben durfte. Danach war klar: Ich werde Rettungsschwimmerin!

Die Ferien verbrachten meine Schwester und ich oft bei unseren Großeltern mütterlicherseits. Sie lebten in Bayern im wunderschönen Rothenburg ob der Tauber, eine der bekanntesten Mittelalterstädte in Deutschland. Diese Stadt bot uns eine Menge an abenteuerlichen Aktivitäten. Meine Oma arbeitete stundenweise als Kellnerin in einem Gasthaus, in dem wir stets gut mit Essen versorgt wurden. Mein Großvater war Betriebsrat in einem bekannten Unternehmen. Wir waren oft im Wald, Beeren und Pilze sammeln, gingen an einem See schwimmen und stets war der Hund meiner Großeltern unser Begleiter. Unsere Familie in Bayern war groß und häufig sind wir an den Wochenenden gemeinsam gewandert – und auch hier gab es viele, viele Familienfeiern. Oma erzählte uns jeden Abend vor dem Schlafengehen ein Märchen und Geschichten aus ihrer Kindheit. Ab und zu war auch Opa bereit, uns Geschichten aus seinem Leben zu erzählen. In unserer Heimat besuchten uns die beiden wenig, da sie kein Auto besaßen und den Weg von fast 500 km mit dem Zug hätten fahren müssen.

In den Jahren meiner frühen Kindheit gab es eine Besonderheit, an die ich mich erinnere: Von dem Zeitpunkt an, an dem ich laufen konnte, fiel ich, im Vergleich zu Kindern gleichen Alters, sehr oft hin. Das kannst du dir so vorstellen: Ich wurde schick angezogen – das bedeutete mit Kleid oder Rock und Lackschuhen (das habe ich gehasst! Am besten noch eine Strumpfhose und mein Tag war gelaufen!) – und wir waren kaum ein paar Schritte gegangen, da stolperte ich und fiel hin. Oft zerriss ich mir nur die Strumpfhose, andere Male schlug ich mir die Knie böse auf. Dieses Merkmal zog sich bis zu meinem achten Lebensjahr durch. Ich erinnere mich noch, dass ich zum Geburtstag eines Freundes eingeladen war und ich, stolz wie Oskar, mit meinem Geschenk eine Straße weiter zur Feier wollte. Nach ungefähr 20 Metern stolperte ich, fiel hin und schlug mir mein Knie auf. Ich ging wieder nach Hause, mein Vater holte das Jodspray, sprühte es auf mein Knie und ich lief wieder los. Ich kam aber nicht weit, da lag ich erneut auf den Knien. Wieder nach Hause, Jod abgeholt und neuen Versuch gestartet. Frei nach dem Motto „Und täglich grüßt das Murmeltier" fiel ich wieder hin. Gesamte Prozedur nochmals erledigt – und dann kam ich endlich an.

Meine beiden Großmütter sagten oft im Spaß, dass mir meine Beine wohl im Weg seien …

Außer dass ich Rettungsschwimmerin werden wollte, trug ich noch einen weiteren Herzenswunsch in mir: So gerne hätte ich einen Hund als Gefährten gehabt.

Als wir Ostern 1976 wieder die Ferien bei den Großeltern in Bayern verbrachten, erfüllte sich dieser Herzenswunsch. Aus einem Tierheim durfte ich mir einen kleinen Hund aussuchen: Richie, ein kleiner, pechschwarzer, flauschig frecher Mischlingshund hatte es mir sofort angetan. Ich war überglücklich.

Als wir nach den Ferien wieder zu Hause waren, wollte ich den neuen Gefährten meinen Freunden vorstellen. Unsere Eltern befanden sich an diesem Tag auf einer Tagung und wir gaben unseren Großeltern Bescheid. So ging ich mit meiner Schwester, zwei Freunden und Richie spazieren. Wir hatten viel Spaß mit Richie.

Auf unserem Weg zurück nach Hause mussten wir einen Bahnübergang überqueren. Richie ging an der Leine, die ich nur lose in der Hand hielt. Plötzlich rannte Richie los und bevor ich fester nach der Leine greifen konnte, war er über den Bahnübergang gerannt, Richtung Hauptstraße, auf der stets viel Lkw-Verkehr war. Instinktiv, ohne zu überlegen, schoss ich los, um Richie vor dem Überfahrenwerden zu retten. Doch, wie so oft zuvor: Ich kam nicht weit. Ich rutschte auf den Bahngleisen aus, fiel hin und schlug mir mein Knie auf.

So lag ich quer über den Bahngleisen, begutachtete mein Knie und vergaß für einen Moment alles um mich herum. Aufgeschreckt wurde ich durch die Stimme meiner Schwester, die rief: „Silke, pass auf, der Zug!"

Einige Wochen später …

Ich wachte auf. Um mich herum befanden sich piepsende Apparate, Schläuche waren an meinem Körper befestigt, Flaschen hingen an meinem Bett und meine Bettdecke hatte einen „Hügel".

Ich war ohne Angst.

Ich wusste, was geschehen war.

Zur Bestätigung schaute ich unter die Bettdecke und meine Erwartung erfüllte sich.

Meine Beine waren fort.

Ich legte meinen Kopf wieder zurück in das Kissen, als die Tür aufging und mein Vater hereinkam. Da mir nicht bewusst war, dass ich mehrere Wochen im künstlichen Koma gelegen hatte und in dieser Zeit bereits mehrere Operationen durchgeführt worden waren, dachte ich, dass ich meinem Vater nun mitteilen müsste, was geschehen war. Mit einem Lächeln begrüßte ich ihn und sagte: „Papa, ich muss dir was sagen. Ich habe keine Beine mehr. Das ist nicht schlimm. Wir schaffen das schon."

Auswirkungen

Die Amputation der Beine erfolgte im Berufsgenossenschaftlichen Universitätsklinikum Bochum. Amputation der Beine bedeutet auch genau das – die Beine, nicht das Becken. Damit erklären sich vielleicht einige Fragen bezüglich natürlicher körperlicher Bedürfnisse. Dieses Klinikum behandelte vorwiegend Männer, die Bergwerksunfälle erlitten hatten. Dort verbrachte ich, als einziges Kind, einige Wochen.

Von den anderen Patienten wurde ich sehr verwöhnt. Als ich von der Intensivstation auf die normale Station wechselte und wieder begann, selbstständig zu essen, hoben sie stets ihren Nachtisch für mich auf. Auch eine Zigarette durfte ich mit ihnen rauchen – das fand meine Mutter allerdings weniger lustig. Sie hatte sich während dieser Zeit eine kleine Wohnung in Bochum gemietet, um täglich bei mir sein zu können. Mein Vater kam immer sonntags, da das Geschäft weiterlaufen musste.

Mit der Zeit erfuhr ich, dass ich nach dem Unfall mit einem Hubschrauber in die Klinik geflogen worden war. Daran hätte ich mich zu gerne erinnert. Ich fliege so gerne. Natürlich nur an den Flug, die Schmerzen hätte mein Körper bei Bewusstsein wohl nicht ausgehalten.

Stets fragte ich nach meinem Hund Richie. In der ersten Zeit erzählte mir meine Mutter, dass es ihm gut ginge. Doch irgendwann (ich weiß nicht mehr genau, wann) teilte sie mir mit, dass Richie mich wohl schreien gehört hatte und wieder zurückgekommen war. Er wurde mit mir vom Zug überrollt und hat es nicht überlebt. Diese Nachricht traf mich tief. Tiefer als alles, was ich in diesen Wochen erlebte. Mein Versuch, ihn vor dem Überfahrenwerden zu retten, hatte ihn sein Leben gekostet. Ich war acht Jahre alt und ich verstand es nicht. Was mir half, mit der Traurigkeit umzugehen, war die Vorstellung, dass Richie jetzt im „Hundehimmel" lebt und dort rumtollt.

Nachdem ich aus dem künstlichen Koma zurückgeholt worden war, fanden weitere Operationen statt. Da meine Beine nicht glatt abgetrennt, sondern herausgerissen worden waren (wäre es ein ICE und kein Güterzug gewesen, hätte das wahrscheinlich anders ausgesehen), waren einige Hauttransplantationen notwendig. Die Haut für diese Transplantationen spendete mein eigener Körper, vorwiegend beide Arme.

Nach dem Klinikaufenthalt in Bochum ging es in eine Klinik ins Sauerland. Dort saß ich sechs Wochen lang, Tag und Nacht, in einem Gipsbett. Dies sollte wohl meine Wirbelsäule stabilisieren und gerade halten. Genau weiß ich das nicht mehr. Dieser Klinikaufenthalt hat mir, aufgrund des Gipsbettes, am wenigsten gefallen.

Im Anschluss ging es weiter in die medizinische Rehabilitation nach Münster. Das war kein richtiges Krankenhaus. Dort gab es keine Spritzen, keine Tabletten, keine Blutabnahme. Wurde eine medizinische Behandlung notwendig, besuchten wir ein anderes Krankenhaus.

In dieser Rehaklinik bekam ich vormittags Unterricht und nachmittags oft ein spezielles Training zur Stabilisierung der Wirbelsäule sowie Fortbewegung mit Prothesen.

Der Unterricht bezog sich vorwiegend auf die Hauptfächer, damit der Anschluss an den Wissensstand der Regelschule einfacher erreicht werden konnte. Auch hier erinnere ich mich kaum an den Inhalt des Unterrichts, nur eines hat sich stark eingeprägt: Wir hatten Musikunterricht und ich hörte zum ersten Mal in meinem Leben ein Violinkonzert. Das hat mich sehr berührt und bis heute begleitet mich die Faszination dieser Musik.

Viele der Mitarbeiter der Klinik hatten ebenfalls eine Körperbehinderung. Ich habe damals viele Erwachsene und Kinder mit den unterschiedlichsten Formen von Körperbehinderungen kennengelernt, ausgelöst durch Unfälle oder auch von Geburt an. Untereinander haben wir uns wenig Gedanken gemacht, wer was hat. Wir fanden uns entweder nett oder eben auch nicht. Jedes Kind bekam eine Krankenschwester zugeteilt, die hauptsächlich für dieses Kind zuständig war. Meine hieß Schwester Maria. Sie hatte wunderschöne, lange, schwarze Haare und war mein Engel. Ohne sie hätte ich mich nirgendwohin bewegt. Sie hat aus diesem Grund sogar ihren Urlaub verschoben, da ich sonst nicht auf einen von der Klinik vorgesehenen Wochenendausflug mitgefahren wäre. Dafür bin ich ihr heute noch sehr dankbar.

In der Klinik gab es eine eigene Werkstatt. Dort wurde mir meine erste „Rutschhose" angefertigt. Sie diente und dient heute noch als Schutz für mein Becken und ist eine Mischung aus Hose und Schuhe. Es wurden auch Prothesen hergestellt, mit denen ich laufen sollte. Diese waren aber so ungelenkig und ich war so langsam damit, dass ich sie nicht mochte. Mit der Rutschhose war ich wesentlich schneller und beweglicher. Dennoch musste ich immer wieder mit den Prothesen üben und üben und üben. Ansonsten gefiel es mir jedoch sehr gut dort.

Nach einiger Zeit in dieser Klinik durfte ich dann hin und wieder an den Wochenenden nach Hause. Bevor die Rutschhose in mein Leben kam, musste ich einen Liegerollstuhl nutzen. Unsere Wohnung befand sich im Dachgeschoss, was die Sache nicht gerade leicht machte. Doch meine Eltern ermöglichten es. Als ich dann gelernt hatte, mich mit der Rutschhose zu bewegen, ging vieles, auch für meine Eltern, leichter. Ich bewege mich heute noch so, indem ich mich mit den Händen fortbewege, also quasi

„auf den Händen laufe". So wie ich es damals gelernt habe. Das schenkt mir sehr viel Bewegungsfreiheit.

Während meines Aufenthaltes in der Rehaklinik wurde auch ein Fahrrad für mich angefertigt. Mit nach Hause nehmen durfte ich es jedoch nicht, da meine Eltern zu starke Bedenken hatten, dass ich damit umfalle oder herunterfalle und mir wieder etwas passieren könnte.

Nach einigen Monaten Klinikaufenthalt durfte ich ganz nach Hause. Mein Vater hatte dafür gesorgt, dass ich weiter die Grundschule besuchen konnte und nicht eine Schule für Körperbehinderte.

Meine Klassenkameraden nahmen mich neugierig wieder in ihre Gemeinschaft auf. Ziemlich schnell ließ ich immer öfter den Rollstuhl vor der Schule stehen und lief auf den Händen im Schulgebäude und auf dem Pausenhof umher. Die Pausen verbrachten wir oft mit gemeinsamen Spielen, wie Seilhüpfen, Gummitwist oder Ballspielen. Und auch hier beteiligte ich mich aktiv und ohne Rollstuhl.

Das Einzige, was mich in der Zeit gelegentlich traurig stimmte, war der Sportunterricht. Meine damalige Lehrerin erlaubte mir bei vielen Dingen nicht mitzumachen und ich rollte weinend mit meinem Rollstuhl nach Hause. Bis heute weiß ich nicht, warum sie sich dann doch entschloss, mir zu vertrauen. Ich denke, meine Eltern hatten ihre Finger im Spiel. Denn eines schönen Tages durfte ich selbst entscheiden, wobei und wie ich mitmache. Ich kletterte die Seile bis unter die Turnhallendecke hoch, übte mich am Reck und Barren, auch Bodenturnen bereitete mir eine Menge Freude. Mein liebstes Ballspiel war Völkerball. Bei diesem Spiel durfte ich auch an Turnieren teilnehmen. Fussballspielen hat mir weniger Freude bereitet – da sollte ich immer ins Tor.

Als die Grundschulzeit zu Ende ging, wechselte ich auf die Hauptschule. Eigentlich wollte ich auf die Realschule, doch meine Eltern entschieden sich dagegen, da die Hauptschule für mich, mit dem Rollstuhl, einfacher zu erreichen war.

In der fünften Klasse erlebte ich das Phänomen des „Unglücksmontags". In diesem Jahr fiel ich an einem Montag vom Pferd und bekam keine Luft mehr, an einem anderen Montag fiel ich vom Schlitten und prellte mir mein Becken, an einem weiteren Montag rutschte ich auf einer Plastiktüte eine Eisbahn hinab, wir nannten sie auch die „Todesbahn", drehte mich, schlug mit dem Unterkiefer auf dem Eisboden auf und biss mir dabei die Zunge durch. Sie musste genäht werden und ich konnte zwei Wochen lang keine feste Nahrung zu mir nehmen. Da auch der Unfall, bei dem mein Hund gestorben war, an einem Montag geschehen war, beschloss ich, lieber montags nicht mehr aus dem Haus zu gehen. Dies hielt ich eine ganze Weile durch – doch ich hatte gute Freunde: Sie kamen in dieser Zeit zu mir nach Hause.

Der Besuch der Regelschule hat, wie ich viele Jahre später erkennen konnte, wesentlich zu meiner persönlichen Wahrnehmung von „Behinderung" beigetragen: Weder habe ich mich selbst als „behinderten" Menschen gesehen, noch habe ich mich so gefühlt. Behinderung entsteht für mich persönlich dann, wenn wir das, was uns (scheinbar) fehlt, als Mangel oder Hindernis, im Sinne von: „Wenn das anders wäre, dann könnte ich …", bewerten oder gegen eine bestehende Situation, innerlich oder auch offen, kämpfen: Sei es nun ein fehlendes Körperteil, eine Krankheit, zwischenmenschliche Beziehungen, die wir als unangenehm empfinden, Verluste jeglicher Art, finanzielle Engpässe …

Durch eine negative Beurteilung einer bereits existierenden Situation behindere ich mich selbst – und oftmals auch mein Umfeld.

DER WIRKLICHE UND WESENTLICHE UNTERSCHIED

Was die meisten Menschen auf den ersten Blick als Unterschied erkennen, ist die äußere Erscheinung meines Körpers, doch was sie wirklich irritiert, ist die Kombination der äußeren Erscheinung gepaart mit meiner Ausstrahlung von purer Lebensfreude, Kraft und innerer Gelassenheit.

Dass diese Qualitäten heute beständige Begleiter in meinem Leben sind, bedurfte anhaltender Entwicklung und Entwirrung. In einigen Bereichen meines Lebens ging diese Entwicklung leicht und einfach, in anderen wurde sie aus Komplexität und mit Schwere geboren.

Grenzen ... und darüber hinaus

Es gibt natürliche Grenzen. Grenzen, die zurzeit noch für jeden Menschen gelten, so ist es nicht möglich, die Schwerkraft außer Kraft zu setzen, um mit unserem eigenen Körper, ohne Hilfsmittel, zu fliegen wie ein Vogel.

Darüber hinaus gibt es natürliche persönliche Grenzen. Diese sind bei jedem Menschen einzigartig. So werde ich wahrscheinlich kein mathematisches Genie werden oder eine berühmte Sängerin. Ich mag Zahlen und ich liebe Musik. Ich singe total gerne laut und begeistert – und manchmal treffe ich auch einen Ton. Der einzige Mensch, der mir verzückt und schmunzelnd lauscht, wenn ich im Auto bei einem Lied mitsinge, ist mein Mann – seine Wahrnehmung ist jedoch sehr, sehr subjektiv zu betrachten. Dass ich weder ein mathematisches Genie noch eine berühmte Sängerin werde, empfinde ich jedoch nicht als Grenze – und genau das ist der Punkt!

Wir empfinden etwas als Grenze, als rote Linie oder Hürde, wenn wir etwas haben wollen, etwas ändern möchten oder irgendwo hingelangen wollen und (noch) nicht wissen, wie wir dieses Etwas bekommen oder verändern oder wie wir dort hingelangen können.

Und sicher gibt es Dinge, die ich selbst nur noch in meiner Erinnerung erleben kann: barfuss durch regennasse Wiesen laufen, Sand unter meinen Füßen fühlen, rennen und dabei die Kraft der Beine zu spüren.

Hier habe ich die Wahl: Ich kann all dem nachtrauern und mich fragen: „Wieso gerade ich?" und meine Lebenszeit damit verschwenden oder ich kann zu neuen Abenteuern aufbrechen.

Ich bin für neue Abenteuer, wie du dir vielleicht denken kannst.

In meiner Erinnerung ist es möglich, all diese Dinge zu erleben. Das ist nichts Neues. Auch du tust das ständig, wenn du dich an Situationen und Erlebnisse der Vergangenheit erinnerst. Unser Gehirn ist ein faszinierendes Organ. Mit Unterstützung unseres Gehirns können wir in die Vergangenheit eintauchen, uns Zukünftiges vorstellen, unterschiedliche Perspektiven einnehmen und wir empfinden hier und jetzt, in der Gegenwart, all die Vielfalt an Emotionen, die unsere Erinnerungen, Vorstellungen und Blickwinkel hervorrufen. Wir können uns in Situationen hineinversetzen oder sie als Beobachter anschauen. Unser Geist ist also frei – und jetzt dürfen wir diese Freiheit unseren Körper lehren und in Worten und Handlungen ausdrücken.

Rebellenjahre –
wild, verrückt und experimentierfreudig

Die Pubertät
– nicht wirklich Realität.
Ein paar Jahre werden dir gegeben,
um die Rebellion zu leben.

Silke Naun-Bates

Irgendwie hatte ich ja gehofft, dass es meiner Verlegerin nicht auffallen würde, wenn ich dieses Kapitel einfach „vergessen" würde. Doch, wie du siehst: Es ist ihr aufgefallen.

Also gut: Drugs & Rock`n Roll. Reicht dir das? Dann spring einfach zum nächsten Kapitel.

Aha, du möchtest doch mehr erfahren …

Mit meinem dreizehnten Lebensjahr wurden die „Rebellenjahre" eingeläutet. Schule interessierte mich immer weniger. Weit mehr interessierte mich die Welt, von der sich meine Eltern und sicher viele andere Eltern wünschen, dass wir uns von ihr fernhalten.

Wir haben so ziemlich jedes Wochenende Alkohol getrunken, und das nicht wenig. Da kaum jemand in unserer Clique das Alter von sechzehn Jahren hatte, waren wir sehr kreativ, was die Beschaffung des Alkohols anging – und wenn uns nichts einfiel, klauten wir ihn auch mal. Im Alter von fünfzehn Jahren begann ich, so wie einige andere aus unserer Clique, zu kiffen. Irgendwann erhielt mein Vater einen Hinweis von einem Bekannten. Ich werde nie vergessen, wie er und meine Mutter auf diese Nachricht reagierten. Mein Vater versuchte zwei Tage lang, aus mir herauszubekommen, wer noch Haschisch rauchte und wo wir es herbekamen, während meine Mutter mich bereits mit der Nadel im Arm irgendwo tot liegen sah. Ich sagte nichts. Am dritten Tag kam mein Vater in mein Zimmer und unterbreitete mir einen „Deal": „Du informierst alle, die daran beteiligt sind. Im Gegenzug informiere ich keinen der Eltern, gehe jedoch mit euch allen zur Drogenberatungsstelle und informiere den Direktor der Schule, damit er ein Auge auf euch hat." Auf diesen Deal ließen wir uns ein. Mein Vater ging mit uns zur Drogenberatungsstelle. Wir saßen im Kreis und ein Mitarbeiter klärte uns über die Gefahren von Drogen auf. Es war die Zeit, in der das Buch „Christiane F. Wir Kinder vom Bahnhof Zoo" erschienen war, welches sicher zur Abschreckung dienen sollte, doch wir fanden es einfach nur cool. Du kannst dir sicher vorstellen, wie der Besuch in der Drogenberatungsstelle auf uns gewirkt hatte: Wir nahmen ihn nicht ernst. Auf einer Klassenfahrt nach Berlin wandelten wir auf den Spuren von Christiane F., fragten Passanten „Haste mal 'ne Mark" und suchten die Nähe von Punks. Bei dem „Haste mal 'ne Mark"-Spiel habe ich übrigens eine Menge „Kohle" zusammenbekommen. Woran das wohl gelegen hatte?

Meine erste „Drogenkarriere" endete mit unserem Umzug nach Bayern 1984 für kurze Zeit, dann nahm ich sie wieder auf, bis ich merkte, dass es nicht mehr den gewünschten Effekt brachte. Ich bewegte mich stets im Bereich der weichen Drogen, bis auf zwei Ausnahmen, in denen ich psychedelische Drogen ausprobierte. Beide Male waren die Erfahrungen intensiv, doch sie verführten mich nicht dazu, weiterzumachen. Es waren meist Neugier und Lust auf Abenteuer, die mich antrieben.

Immer wieder kamen wir auch in Konflikte mit der Polizei. Oft regelte mein Vater die Dinge, sodass wir mit einem „blauen" Auge davonkamen.

Die Musik, die wir hörten, spiegelte unsere Sehnsüchte, Wünsche und Gedanken wider: Marius Müller Westernhagen, Hammerfest, Straßenjungs, Jimi Hendrix, Sex Pistols, Metallica, ACDC, Nirwana und wie sie alle hießen begleiteten uns.

Diese Zeit hat meinen Horizont, mein Verständnis für meine Kinder und junge Menschen insgesamt wesentlich erweitert. Meine

Jugenderfahrungen dienen mir heute oft in der Begleitung junger Menschen, da sie mich vom Urteilen abhalten und mich eine Perspektive einnehmen lassen, in der Raum für Offenheit und Ehrlichkeit entsteht.

> *Manches Mal frage ich mich, wie es möglich ist,*
> *dass Menschen, denen alles zur Verfügung steht,*
> *es schaffen, sich selber so zu behindern.*
> *Natürlich weiß ich, wie das möglich ist, und dennoch:*
> *Es bleibt für mich ein Phänomen.*
>
> *Silke Naun-Bates*

Alltag und Mobilität

Nach dem Unfall war es mir sehr wichtig, wieder selbstständig zu sein. Ab dem Zeitpunkt, an dem ich gelernt hatte, mich auf meinen Händen flink und wendig fortzubewegen, gab es in diesem Bereich kaum noch Grenzen.

Das Zeichen für die Behinderung war mein Rollstuhl, nicht das Fehlen meiner Beine. Also nutzte ich diesen so wenig als möglich. An Mut hat es mir selten gefehlt, eher war ich manches Mal zu risikofreudig. Ich fuhr auf den Gepäckträgern von Fahrrädern mit oder auch auf der Stange bei Herrenfahrrädern. Als ich das Alter erreicht hatte, ab dem man Mofa fahren durfte, erwarb ich den Führerschein. Da ich kein eigenes Mofa bekam, fuhr ich bei den anderen mit. Ich kletterte nach wie vor auf Bäume, sprang von Mauern, turnte auf der Küchenarbeitsplatte herum, um die oberen Schränke zu erreichen, lief auf Händen lange Strecken und Treppen rauf und runter. Bei Bordsteinkanten, die mit dem Rollstuhl alleine nicht zu bewältigen waren, stieg ich aus dem Rollstuhl aus und zog ihn drüber. So bewältigte ich kleinere Anzahlen von Stufen – hinauf oder hinunter. An dieser Art der (Fort-)Bewegung hat sich bis heute nicht viel geändert. Etwas langsamer bin ich, meinem Empfinden nach, geworden. Wenn wir (meine Freunde und ich) unterwegs waren und ich sicher war, dass ich meinen Rollstuhl benötigen würde, zogen mich die anderen mit ihrem Fahrrad oder ihrer Mofa.

Mit 19 Jahren erwarb ich den Führerschein und das schenkte mir ein weiteres Stück Freiheit. Die Autos, die ich fahre, sind mit einem Automatikgetriebe und Handgasbetrieb ausgestattet. Meinen Rollstuhl hebe ich in den Kofferraum. Vor dem Erwerb des Führerscheins war ich mit Bus und Bahn unterwegs oder auch mal per Anhalter. Was oft sehr lustig war, da wir von Menschen mitgenommen wurden, die normalerweise keine Anhalter mitnehmen. Doch mit mir hatten sie „Erbarmen".

Nach 1984 habe ich in keiner behindertengerechte Wohnung gelebt. Dies war und ist auch nicht notwendig. Weder beim Duschen oder Baden und der gesamten Körperpflege, noch bei der Erledigung natürlicher körperlicher Bedürfnisse, wie beim Toilettengang, brauche ich Unterstützung. Auch nicht beim Reinigen der Wohnung. Staubsaugen, Fegen oder Wischen erledige ich vom Boden aus – ähnlich, wie es früher gehandhabt wurde, als es noch keine Schrubber gab. Fegen meist mit einem Kehrblech. Für draußen habe ich einen Kinderbesen. Der passt gut von der Länge.

Doch jetzt fällt mir etwas ein: Bei allem, was sehr hoch ist, wie zum Beispiel beim Fensterputzen, brauche ich Unterstützung. Da komme ich meistens nicht bis an das obere Ende und die Stufen einer Leiter sind zu schmal, als dass ich sie hochklettern könnte. Eine Extraanfertigung war mir das jedoch nicht wert. Entweder wird eben nur zu drei Viertel geputzt oder ich lasse putzen. Doch das ist ja keine Auswirkung meiner fehlenden Beine. Es gibt viele Menschen, deren Körpergröße dafür nicht ausreicht und die Schwierigkeiten haben, eine Leiter zu besteigen.

Und noch eine Tätigkeit fällt mir ein: Bügeln. Das könnte ich zwar, doch habe ich dazu überhaupt keine Lust. Insgesamt bin ich kein großer Fan von klassischen Hausfrauentätigkeiten: Frag mal meine Kinder und meinen Partner.

Einkaufen kann ich selbstständig, genieße es jedoch sehr, dies jetzt entweder zusammen mit meinem Partner zu erledigen oder es ihm ganz zu überlassen.

Es ist möglich, zwei Sprudelkisten auf meinem Rollstuhl zu transportieren. Mehr geht nicht, da ich dann nicht mehr sehe, wo ich hinrolle. Die Einkaufstüten habe ich oft mit meinen Zähnen in die Wohnung getragen. Als ich mit meiner damals zweijährigen Tochter in einer Wohnung im 2. Stock wohnte, hatten wir beide einen Rucksack, in dem wir die Einkäufe nach oben transportierten.

Auch Schneeräumen musste ich in Mietwohnungen immer wieder einmal. Das habe ich dann mit einem Kehrblech erledigt. Das hat zwar meist einige Zeit in Anspruch genommen, doch es hat Spaß gemacht.

In manchen Mietwohnungen, in denen ich gewohnt habe, gab es keinen Waschmaschinenanschluss in der Wohnung, sondern in dafür vorgesehenen Kellerräumen. Das bedeutete, dass ich die Wäsche samt Wäschekorb Stufe für Stufe in den Keller transportierte – und auch wieder hoch. Es ist weit mehr möglich, als wir oft zu denken imstande sind …

Wenn ich an irgendwelchen Events teilnehmen möchte, seien es Konzerte, Seminare oder sonstige Veranstaltungen, buche ich einfach, ohne mich zu „outen". Ich habe die Erfahrung gemacht, dass, wenn ich im Vorfeld mitteile, dass ich einen Rollstuhl zur Fortbewegung nutze, von der anderen Seite oft der Einwand kommt, dass es dann leider nicht gehe oder schwierig sei, weil ... Ich höre dann die etwas eingeschränkten Überzeugungen anderer Menschen. Also lass ich das in der Regel. Sollten es wirklich Gegebenheiten sein, die ich nicht alleine bewältigen kann, ergeben sich vor Ort immer Wege und Lösungen.

Mein Körper – Ästhetik und Schönheit

Die Haut auf der Vorderseite meines Beckens ist sehr, sehr dünn. Das hat zur Folge, dass sogenannte Druckstellen meine ständigen Begleiter sind. Diese schmerzen mal mehr und mal weniger, doch lasse ich mich davon nicht einschränken. Selten gab es Tage, an denen ich mich deswegen nicht bewegen konnte oder einen Arzt aufsuchte. In der Regel handhabe ich das sehr pragmatisch: Pflaster drauf und weiter, gegebenenfalls noch eine Heilsalbe und zur akuten Schmerzlinderung eine Schmerztablette. Alles andere wäre aus meiner Sicht Verschwendung wertvoller Lebenszeit. Ohne Druckstellen zu leben würde mich meine Bewegungsfreiheit kosten. Das ist keine Option.

Meinen Urin schenke ich der Toilette. Meinen Stuhl fängt ein kleiner Beutel auf. Dies ist notwendig, da der Schließmuskel beim Unfall stark verletzt worden war. Hier bestünde die Möglichkeit, dies wieder rückgängig zu machen, doch das würde bedeuten: wieder eine Operation ohne Garantie, dass es auch wirklich richtig funktioniert. Auf Windelntragen habe ich jedoch keine Lust und der Beutel stört nur selten. Ist im Grunde eine praktische Angelegenheit.

Da es damals nach dem Unfall für alle Beteiligten in der Hauptsache darum ging, mein Leben zu retten, wurde auf Ästhetik kein Augenmerk gelegt. Ärzte, die mich heute sehen, schlagen meist die Hände über dem Kopf zusammen und fragen, wer das angerichtet hat. Doch ich bin einfach dankbar, denn ich denke, dass die damaligen Ärzte wirklich ihr Bestes und mehr gegeben haben, um mein Leben zu retten. Die Mediziner hatten 1976 einfach nicht die Mittel und die Technik zur Verfügung wie heute. Das Aussehen meines Vorderbeckens ist gewöhnungsbedürftig. Durch die vielen Transplantationsoperationen sieht es eher aus wie eine einzige Narbenfläche – es sind jedoch mehrere Narben und ich liebe jede einzelne davon. Über die Jahre wurde diese Fläche heller und ich schätze mal, wenn ich so um die sechzig bin, schaut es wieder so aus wie bei dir. Mein Hintern sieht übrigens ganz normal und, wie mein Mann und ich finden, sehr, sehr sexy aus.

An den Armen sind noch die Narben der Hautentfernungen zu sehen. Doch auch diese wurden über die Jahre heller, sodass es kaum noch auffällt.

Heute empfinde mich als vollständige, attraktive und schöne Frau. Und das ist es, was wirklich zählt. Doch das war nicht immer so. Es gab auch Zeiten, in denen ich diese Bestätigung von anderen Menschen, vorwiegend Männern, brauchte. Mehr darüber erfährst du im Kapitel „Im Brennglas der Liebe".

Arbeit ...

Mein Vater hätte es gerne gesehen, wenn ich seinem Wunsch gefolgt wäre: Beamtin auf Lebenszeit. Diesen Wunsch konnte ich nachvollziehen. Für ihn bedeutete das: ein sicherer Job.

Im Alter von 14 Jahren hatte ich jedoch einen klaren Berufswunsch und der hieß: Sozialarbeiterin – am liebsten als Streetworkerin. Mir wurde damals, im Rahmen einer Berufsberatung des Arbeitsamtes, erklärt, dass dies unmöglich sei. Wenn überhaupt, dann könnte ich als Sozialarbeiterin im Innendienst arbeiten.

Ich war enttäuscht, doch in mir gibt es eine Seite, die auch einfach pragmatisch ist. Sie und ich entschieden, dass wir uns dann den ganzen Stress mit Abitur und Studium sparen und stattdessen gleich ins Büro gehen können. Da mein Vater jedoch viel Wert auf Bildung legte, konnte ich nicht sofort nach dem Schulabschluss durchstarten. Er meldete mich auf der Höheren Handelsschule an, damit ich dort mein Fachabitur ablegen konnte.

Dazu kam es jedoch nicht mehr, da sich meine Eltern 1984 trennten und meine Schwester und ich zusammen mit meiner Mutter nach Bayern zogen. Dort wollten sie mich auf die Hauswirtschaftsschule schicken. Dieses Schreckgespenst konnte ich jedoch abwenden, indem ich vorgab, dass ich keine Lust mehr darauf hätte, im gesamten Schulgebäude auf Händen herumzulaufen. Das konnte jeder verstehen.

Ein Ausbildungsplatz war in der Mittelalterstadt Rothenburg schwer zu realisieren, da die meisten Gebäude unter Denkmalschutz standen und somit über keinen Aufzug verfügten. Auch hatte ich überhaupt keine Lust, irgendwo eine Ausbildung zu absolvieren. So blieb ich erst einmal ein gutes Jahr zu Hause und genoss meine freie Zeit. Dann war „Schluss mit lustig". Meine Mutter nahm die Unterstützung des Arbeitsamtes an und ich erhielt einen Ausbildungsplatz in einem Umschulungszentrum in Nürnberg. Dort wurde ich in eineinhalb Jahren zur Bürokauffrau ausgebildet. Ich war wieder einmal die Jüngste in der Klasse. Während der Ausbildung war ich im Internat untergebracht. An den meisten Wochenenden fuhr ich nach Hause. Im Anschluss an die Ausbildung nahm ich noch an einer dreimonatigen Weiterbildung teil. Noch heute greife ich auf Wissen aus dieser Zeit zurück. Die Ausbildung dort war sehr einprägend.

Meinem Großvater gelang es, einen Arbeitsplatz für mich zu organisieren. Ich begann bei einem bekannten Haushaltsgerätehersteller zu arbeiten. Nicht im Büro, denn dort gab es keine freie Stelle, sondern in der Vormontage. Ich bestückte kleine Staubsaugerrollen mit Nieten, damit sie befestigt werden konnten: 1600 Stück am Tag. Das wurde bald langweilig, sodass ich um alternative Tätigkeiten bat. Mein Anliegen wurde gehört und ich durfte jetzt zusätzlich auch mit Akkuschraubern Schrauben in Platinen befestigen. Das machte mir anfangs Spaß, ich verdiente gutes Geld, hatte eine geregelte Arbeitszeit, doch irgendwann wurde mir wieder langweilig. So ließ ich mich für die Wahl zum Betriebsrat aufstellen und wurde gewählt. Jetzt durfte ich zu wöchentlichen Sitzungen gehen und auf Weiterbildungen, ich organisierte Warnstreiks mit usw. Insgesamt blieb ich vier Jahre in der Firma.

In der Zwischenzeit hatte ich geheiratet und meine Tochter geboren (siehe das Kapitel „Kinder – Botschafter des Lebens"). Als

Samantha ein Jahr alt war, ging ich wieder arbeiten. Über zwei Praktika landete ich in einer Unternehmensgruppe, welche zum einen Werkstatteinrichtungen und Büromöbel herstellte und zum anderen mit einem der größten und weltweit handelnden Schraubenhersteller zusammenarbeitete. Dort erhielt ich zuerst einen Arbeitsplatz im Vertrieb der Büromöbelherstellung.

1994 brachte ich meinen Sohn zur Welt. Nachdem ich vom Erziehungsurlaub mit Pascal zurückgekehrt war, wurde ich im Bereich Logistik eingesetzt. Dies entsprach meinen Fähigkeiten und Bedürfnissen wesentlich mehr. Hier hatte ich tagtäglich mit Menschen zu tun. Ich wurde mit SAP vertraut gemacht, brachte einige Verbesserungsvorschläge ein und erhielt dafür stets Anerkennung vom Schraubenhersteller. Doch nach knapp sieben Jahren breitete sich erneut Langeweile in mir aus. Das merkte ich daran, dass ich bereits Freude spürte, wenn ich mal ins Lager durfte, um falsch geklebte Etiketten abzuziehen. Als ich gefragt wurde, ob ich mich zur Betriebsratswahl aufstellen lassen wollte, sagte ich „Ja". Ich erhielt so viele Stimmen, dass ich als erste Betriebsrätin bestimmt wurde. Dies lehnte ich jedoch ab, weil ich der Auffassung war, dass diese Position besser von einem Menschen besetzt werden sollte, der über mehr Erfahrung in diesem Bereich verfügte als ich. Bereits nach der zweiten Sitzung des Betriebsrates war klar, dass ich hier nicht richtig war. Wo Angst regiert, findet nur schwer Veränderung statt.

Kurz darauf verbrachte ich mit meinen Kindern die Herbstferien auf Teneriffa, um zu klären, ob wir eventuell für ein Jahr dorthin ziehen würden. Eine gute Bekannte hatte dies damals gerade umgesetzt. Am letzten Tag unseres Aufenthaltes saß ich alleine auf der Dachterrasse und schaute in die Weiten des Universums. Von innen heraus überkam mich die Erkenntnis, dass es eine Art von Flucht gewesen wäre. Mir schoss der Gedanke durch den Kopf: „Wenn du zu Hause nicht glücklich sein kannst, dann wirst du es auch sonst nirgendwo." Wir flogen zurück. Auf der Fahrt vom Flughafen nach Hause überkam mich ein unbändiges Freiheitsgefühl.

Montags ging ich wieder zur Arbeit. Am Mittwoch packte ich meine Sachen, ohne dass ich bewusst darüber nachgedacht hätte. Meine Kollegin fragte, ob ich mit ihr in die Kantine gehen würde. Ich nahm meine Sachen und ging mit. Sie fragte: „Kommst du noch mal wieder?" Und ich antwortete: „Ich denke nicht." So war es dann auch: Ich fuhr nach Hause, rief meinen Hausarzt an und bat um einen Termin. Ich erzählte ihm, dass ich etwas Zeit für eine Neuorientierung bräuchte. Das war für ihn kein Problem. Er schaffte mir sechs Wochen Zeit, um zu klären, wie es weitergehen würde. Kurz vor Ende der sechs Wochen war klar: Ich würde kündigen. Mein Arzt brachte mich auf die Idee, eine Abfindung zu fordern. Darüber war ich sehr erstaunt. Ich wollte doch kündigen. Welcher Arbeitgeber zahlt denn in diesem Fall eine Abfindung? Geduldig erklärte er mir, dass es in meinem Fall möglich sei – vielleicht nicht viel, doch zwei bis drei Monatsgehälter sollten drin sein. Ich nahm also meinen ganzen Mut zusammen und suchte das Gespräch mit meinem Arbeitgeber. Ich war so was von nervös. Widersprach das doch allem, was ich bisher über Abfindungszahlungen gehört hatte. Es war jedoch ganz einfach – ich bekam die Abfindung und wir beendeten das Arbeitsverhältnis in gegenseitigem Einvernehmen.

Zu der Zeit war ich alleinerziehend. Um das Finanzielle abzudecken, meldete ich mich arbeitslos. In regelmäßigen Abständen erhielt ich Bewerbungsvorschläge, hatte jedoch keine Lust, in der althergebrachten Form wieder zu arbeiten. Ich erinnere mich, dass ich mir eine Zeit lang einen Spaß daraus machte, mir die Stellenangebote geben zu lassen, bei denen Arbeitgeber im Vorfeld bereits mitteilten, dass sie für den ausgeschriebenen Job keinen Menschen mit einem Schwerbehindertenausweis wollten.

Ich bewarb mich bei der Bundeswehr als Fernmeldeschreiberin. Hier sollten mehr oder weniger streng geheime Meldungen schnell weitergemeldet werden. Das fand ich spannend. Ich wurde zu einem Vorstellungsgespräch eingeladen. Obwohl bereits von Anfang an klar war, dass es nicht umsetzbar sein würde, weil die Gegebenheiten nicht darauf ausgerichtet waren, wurde das Gespräch durchgezogen. Ich stand mit meinem Rollstuhl im

Raum, um mich herum sechs Offiziere, die mir Fragen stellten. Ich amüsierte mich königlich.

Danach bewarb ich mich für den Nachtdienst an einer Autobahntankstelle. Der Herr war etwas irritiert, als ich zum Vorstellungsgespräch kam, und wir hatten ein gutes Gespräch. Er war sogar ein wenig enttäuscht, dass eine Zusammenarbeit nicht möglich war: Ich hätte unter anderem Regale mit Ware befüllen müssen, was von der Höhe her nur schwer umsetzbar gewesen wäre.

In dem Jahr meiner frei gewählten Arbeitslosigkeit habe ich eine elfmonatige Ausbildung zur Persönlichkeitstrainerin absolviert (siehe Kapitel „Welt der Spiritualität").

Als sich das Jahr zum Ende neigte, beschloss ich, wieder arbeiten zu gehen. Ich wollte einen Job, in dem ich weitestgehend selbstständig arbeiten konnte und bei dem die Arbeitszeiten flexibel gestaltbar waren. Wie es der „Zufall" wollte, suchte der Geschäftsführer einer Beschäftigungsinitiative für Langzeitarbeitslose eine Sekretärin in Teilzeit. Die Tätigkeit bereitete mir sehr viel Freude, da ich hier auch eine beratende Funktion ausübte. In dieser Zeit wurde auch ein Jugendprojekt ins Leben gerufen. Die jungen Menschen zu begleiten hat mich sehr erfüllt. Da die Werte des Geschäftsführers und meine wenig harmonierten, entstand in mir ein innerer Konflikt, der sich auch im Außen offenbarte. Ich zog die Reißleine und kündigte. Ich erspare dir die Einzelheiten, sie sind zwar spannend, doch würden sie eher unter den Titel „Wie zwischenmenschliche Beziehungen nicht funktionieren" passen.

Jetzt war ich also wieder ohne Arbeit. Die Mitarbeiter des zuständigen Arbeitsamtes zeigten wenig Begeisterung, als ich nach knapp zwei Jahren erneut bei ihnen stand.

Ich ging in mich und traf die Wahl, wieder Vollzeit arbeiten zu gehen. Eine Bekannte sagte zu mir: „Bewirb dich doch einfach als Sozialpädagogin. Das, was ich mache, kannst du auch, und solltest du in der Bewährungshilfe landen, gebe ich dir meine Unterlagen. Das meiste war eh nur Theorie." Mit diesen Sätzen öffnete sie eine Tür, die ich mir bis zu diesem Zeitpunkt selbst verschlossen gehalten hatte. Ich wäre niemals auf die Idee gekommen, mich für einen Arbeitsplatz zu bewerben, bei dem ein Studium in der Regel Voraussetzung ist. Ich fand diesen Vorschlag „cool" und bewarb mich auf drei offene Stellenangebote als Sozialpädagogin. Eine Bewerbung ging an ein Bezirkskrankenhaus, Abteilung Forensik, die anderen beiden Bewerbungen an Bildungsträger der Jugend- und Erwachsenenbildung. Okay, ich gebe zu, die Bewerbung an die Forensik war ein bisschen gewagt, doch zu meiner Erklärung muss ich dazu sagen, dass ich nicht genau wusste, was man da so macht. Der eine Bildungsträger behielt meine Bewerbung, da die Stelle bereits vergeben war, und der andere Bildungsträger rief an – doch ich ging nicht ans Telefon. Ich sah die Nummer und dachte: „Die Absage kannst du mir auch per Post schicken." Fünf Tage lang rief diese Nummer bei mir an, am fünften Tag nahm ich ab. Die Stimme am anderen Ende der Leitung fragte, was ich Faschingsdienstag um 14.00 Uhr vorhätte. Ich antwortete: „Ich gehe davon aus, dass ich zu Ihnen komme und mich Ihnen vorstelle." Die Stimme fragte noch, ob ich auch bereit wäre, anstatt am ausgeschriebenen Ort an einem anderen Ort zu arbeiten. Ich sagte: „Ja." Nachdem ich aufgelegt hatte, schaute ich erst einmal nach, wozu ich „Ja" gesagt hatte. Einfache Entfernung: 130 km – Autobahnanbindung gut. Okay, ist machbar.

Das ganze Wochenende bereitete ich mich darauf vor, wie eine Sozialpädagogin zu wirken und zu sprechen. Doch das hätte ich mir sparen können. Im Vorstellungsgespräch wurde mir erklärt, dass eine neue Niederlassung eröffnet würde und dass ich dort selbstständig eine Maßnahme zur Wiedereingliederung auf dem Arbeitsmarkt für Menschen mit gesundheitlichen Einschränkungen durchführen sollte – zwei Tage Hospitation in einer bereits bestehenden Niederlassung und am ersten Tag Unterstützung durch eine Kollegin. Das war meine Einarbeitung. Zwölf wundervolle Menschen warteten darauf, von mir unterstützt zu werden, um wieder einen Arbeitsplatz zu finden. Ich unterrichtete, akquirierte, führte Einzelgespräche, begleitete zu Vorstellungsgesprächen, dokumentierte und hatte eine Menge Freude und Spaß an dem, was ich tat. Ich fuhr morgens um halb fünf los und kam abends zwischen sieben und neun Uhr wieder nach Hause. Meine Mutter hatte ein Auge auf meine Kinder. Fünf Wochen lang, dann wechselte die Tätigkeit in eine Ruhephase, die so überraschend kam, dass ich unseren Geschäftsführer anrief und fragte, ob das wirklich alles sei, was ich in den nächsten fünf Wochen zu tun hätte. Er bestätigte es und ich hatte den Eindruck, fünf Wochen Urlaub auf Abruf zu erleben. In diesem Fünf-Wochen-Rhythmus ging es weiter, was ideal für mich war. Nach knapp einem Jahr folgte ein interner Wechsel in eine andere Niederlassung. Diese war neu eröffnet worden und bot eine Umschulungsmaßnahme für Rehabilitanden. Ein weiteres Jahr darauf wurde ich in die Koordination befördert und leitete die Niederlassungen im Neckar-Odenwald-Kreis und ein Jahr später auch die Niederlassungen im Main-Tauber-Kreis.

Nach vier Jahren kündigte ich, da ich ein überraschendes Angebot aus meinem Wohnort bekam. Die Beschäftigungsinitiative, in der ich vier Jahre zuvor als Sekretärin gearbeitet hatte, sollte von einem Verein in eine GmbH und einen Integrationsbetrieb umgewandelt werden. Hierfür wurde eine neue Geschäftsführung gesucht, da auch die Werte des Vorstandes nicht mehr mit denen des bisherigen Geschäftsführers harmonierten. Es war eine spannende Zeit, in der das Konzept zur Beantragung von Fördergeldern für den notwendigen Umbau geschrieben wurde, wir gemeinsam versuchten, die notwendigen Stimmen im Stadtrat zu gewinnen, mit Kostenträgern verhandelten und vieles mehr. Zu guter Letzt, nach einem knappen Jahr, kam das Aus über einen Beschluss des Stadtrates. Unser Antrag auf einen langfristigen Mietvertrag, der Voraussetzung für die Auszahlung von Fördergeldern war, wurde abgelehnt. Ich bekam das Angebot, trotzdem die Geschäftsführung zu übernehmen und die Beschäftigungsinitiative unter den bisherigen Bedingungen weiter zu führen. Dies konnte ich jedoch nicht mit meinen Werten vereinbaren, da das Geschäftsführergehalt nach Diakonietarif gezahlt wurde und dieses Geld von Mitarbeitern, die auf Mindestlohnbasis arbeiteten, hätte finanziert werden müssen. Aus meiner Sicht konnte diese bisherige Form auch auf ehrenamtlicher Basis weitergeführt werden. Und so endete auch dieses Kapitel.

Ich meldete mich bei meinem vorherigen Geschäftsführer des Bildungsträgers und fragte an, ob er noch Platz für eine flexible und engagierte Mitarbeiterin hätte. „Wenn es um dich geht, ja", war seine Antwort. Also wechselte ich wieder zum vorherigen Arbeitgeber und bat um einen Arbeitsplatz in Mosbach. Gesagt, getan. Da meine Kinder bereits in Ausbildung waren, nahm ich mir in der Nähe von Mosbach eine Zweizimmerwohnung. Meine Stelle als Koordinatorin war vergeben, sodass ich wieder als Seminarleiterin begann. Ich startete einen Kurs für Berufsrückkehrerinnen, der den Teilnehmerinnen und mir viel Freude bereitete.

Mein jetziger Mann Joe und ich entschieden uns, nach Mosbach oder in die nähere Umgebung zu ziehen. Meine Tochter Samantha war bereits ausgezogen und mein Sohn Pascal zog zu seinem Vater.

Zwei Monate nach dem Umzug bat mein Chef mich, eine neue Niederlassung im Zuge einer Ausbildungsmaßnahme für Jugendliche und junge Erwachsene mit gesundheitlichen Einschränkungen in Schwäbisch Hall zu eröffnen. Ich startete die Ausbildungsmaßnahme, einfache Strecke rund siebzig Kilometer. Seit Mai 2014 bin ich wieder als Koordinatorin unterwegs und zuständig für unsere Niederlassungen im Neckar-Odenwald und Hohenlohekreis.

Ich arbeite Vollzeit und genieße die Freiheit, die mir diese Tätigkeit schenkt, sowie das Vertrauen unseres Geschäftsführers. In Zeiten von hohem Arbeitsaufkommen arbeite ich auch gerne mehr als die vorgesehenen Stunden oder auch mal am Wochenende, dafür gibt es wieder Zeiten, in denen weniger los ist und ich Zeit im Home-Office verbringe.

Im Jahr 2013 habe ich eine freiberufliche Tätigkeit angemeldet, zusammen mit meiner Freundin eine GbR gegründet und Seminare, Trainings und Einzelcoachings angeboten. Nach vierzehn Monaten haben wir beschlossen, die GbR wieder aufzulösen, was zum Ende des Jahres 2014 geschah. Meine Freundin folgt nun dem Ruf ihres Herzens, mit Kindern zu arbeiten, und ich dem meinen. Wir hatten eine Menge Spaß, erfüllende Momente und kostbare Erkenntnisse während dieses Jahres.

Seit zehn Jahren unterstütze ich Menschen mit gesundheitlichen Einschränkungen, ihren Platz in unserer Arbeitswelt zu finden. Was mir in der Begegnung mit ihnen immer wieder auffällt, ist, dass viele bereits in der Phase der Bewerbung ihre gesundheitliche Einschränkung oder den Grad ihrer Behinderung laut Schwerbehindertenausweis mitteilen. Auch bei Vorstellungsgesprächen wird dem Arbeitgeber als Erstes mitgeteilt, was aufgrund der Einschränkung alles nicht mehr möglich ist, und das oft mit entsprechender Körperhaltung, Mimik und einem Tonfall, der signalisiert, wie schwer sie es haben. Ich sitze daneben und stelle mir vor, was ich jetzt denken würde, wenn ich Arbeitgeber wäre. Als Arbeitgeber möchte ich hören, was für Fähigkeiten und Kenntnisse ein neuer Mitarbeiter in das Unternehmen einbringt und wie er sich die Zusammenarbeit vorstellt. Als Nächstes würde mir dann die Frage durch den Kopf schießen: „Wenn Sie so vieles nicht mehr ausüben können, wieso bewerben Sie sich dann für diesen Job?" Und sicher weiß ich und auch der Arbeitgeber, dass es vielen Menschen darum geht, wieder ein Einkommen zu erzielen. Doch wenn das die einzige Motivation ist, würde mir dies als Arbeitgeber nicht reichen.

Es gibt Unternehmen, vorwiegend im sozialen Bereich, bei denen die „Mitleidstour" funktioniert und manchmal mag es sinnvoll sein, diese Rolle einzunehmen. Doch ob ich eine Rolle bewusst wähle und mich für einen bestimmten Zeitraum mit ihr identifiziere, wie ein guter Schauspieler, oder ob ich glaube, dass ich das wirklich bin, macht für mich einen wesentlichen Unterschied.

Zu Beginn mancher Kurse frage ich die Menschen, was aus ihrer Sicht die Gründe dafür sind, dass sie keine Arbeit finden. Seit Jahren höre ich immer dasselbe: „Ich bin zu alt. Ich bin behindert. Ich bin zu krank. Ich bin zu lange aus meinem Job draußen. Hier gibt es nicht genug Arbeitsplätze. Weil ich Kinder habe … Nur mit Vitamin B bekommt man Arbeit." Die Gründe werden für alle sichtbar aufgeschrieben, dann verlasse ich ohne ein Wort zu sagen, den Raum, warte ein, zwei Minuten, gehe wieder hinein und frage: „Wollen Sie den wirklichen Grund kennenlernen?" Meist wird diese Frage mit „Ja" beantwortet. „Der einzige und wirkliche Grund sitzt auf Ihrem Stuhl." Ich gebe zu, das ist für manch einen sehr herausfordernd – doch zumindest habe ich jetzt die volle Aufmerksamkeit und beginne mit meinem

Lieblingsthema „Glaubenssätze und Überzeugungen – wie wir uns selbst behindern".

Es gibt Menschen mit Einschränkungen körperlicher, geistiger und seelischer Natur, die der Unterstützung des Einzelnen und der Gesellschaft bedürfen. Von denen schreibe ich hier nicht. Ich schreibe hier von Menschen, die kognitiv in der Lage sind, weit mehr für sich zu erreichen, wenn sie aus ihrer vermeintlichen Rolle des Opfers heraustreten und ihren Geist konstruktiv nutzen, anstatt durch die Art und Weise ihres Denkens ihre Einschränkungen noch zu verstärken. Wir alle haben die Wahl ...

Insgesamt bin ich jetzt seit elf Jahren im Bereich der Jugend- und Erwachsenenbildung tätig, wo ich weit mehr als nur ein großes Stück Berufung gefunden habe: Ich habe hier meinen jetzigen Partner und meine tiefste und innigste Freundin kennengelernt. Beide waren 2007 Teilnehmer in meinen Kursen.

... und Berufung

Auf meiner Reise durch dieses Leben lerne ich viele Menschen kennen, die auf der Suche nach ihrem Ruf, ihrer Berufung sind.

Doch seinen inneren Ruf im Außen zu suchen, ist ein wenig seltsam, meinst du nicht auch?

Was die meisten Menschen wirklich suchen, ist eine Möglichkeit der Umsetzung – einen Weg, wie sie ihren inneren Ruf, diese tiefe, tiefe Sehnsucht, die sie in sich tragen, in ihrem Leben ausdrücken können und zwar so, dass sie damit auch ihr Einkommen sichern. Auch ich habe einige Zeit auf der Suche nach einem „sicheren" Weg verbracht.

Doch das Leben spielt nach anderen Regeln.

In dem Moment, in dem wir uns verpflichten, unserem inneren Ruf ohne „Wenn und Aber" zu folgen, wird das Leben uns den Weg bereiten. Dieser Verpflichtung bleiben wir treu und übernehmen die Verantwortung für unsere Kreation, unser „Baby". Verantwortung drückt sich in Handlung aus. Wir schenken unserer Idee, unserer Vision, unserem Ruf Nahrung/Energie in Form von Handlung. Würdest du nicht deinem Kind Nahrung geben, damit es wächst und gedeiht?

Womit auch immer du meinst oder glaubst den Menschen und der Welt dienen zu können: Tue es! Handle! Setze deine Farbakzente in unser Universum der unendlichen Möglichkeiten. Handlung enthält Kraft und öffnet den Raum für Magie.

Glaube an dich,
du bist dein einziges Gericht.
Schau in den Spiegel, in dein Gesicht,
deine Augen lügen nicht.
Schaust du in Augen voller Vertrauen,
oder ließt du die Angst eine Mauer erbauen.

Glaube an das Leben,
es wird dir alles geben.
Bist du bereit zu sehen,
deinen Weg zu gehen,
dich für dein Leben zu entscheiden,
wird das Leben dir den Weg bereiten.

Glauben heißt nicht wissen,
Glauben heißt vertrauen,
nicht wissen und sich trotzdem zu trauen.
Seinen Weg zu gehen,
auch ohne zu verstehen.

Silke Naun-Bates

In jedem der bisher beschriebenen Bereiche meines Lebens wäre es mir möglich gewesen, eine Vielzahl von Grenzen und Problemen zu erschaffen. Ich hätte dies tun können, indem ich davon überzeugt gewesen wäre, dass gewisse Dinge nicht gehen, ich diese nicht kann, oder dass es unmöglich ist. Hätte ich all dem Glauben geschenkt, was mir von anderen Menschen über mein Leben und das, was möglich sein wird und was nicht, erzählt wurde, hätte ich heute keinen Partner, keine Kinder, nicht den Job, den ich habe, nicht das Leben, das ich führe und erlebe. Wenn ich den Worten meiner Mutter Glauben geschenkt hätte, wäre ich heute stets auf Hilfe und Pflege angewiesen.

Jeder Bereich unseres Lebens sowie dessen Erleben basiert auf unseren Überzeugungen. Wir kennen die typischen Sprüche und Zitate wie, „Der Glaube versetzt Berge" oder „Was auch immer du mit Überzeugung glaubst, wird zu deiner Wirklichkeit" (Brian Tracy), die uns darauf hinweisen, doch selten wenden wir dies in unserem Leben konsequent an. Wir nutzen diese Redensarten gerne, um anderen Menschen einen sanften Hinweis zu geben, dass es Zeit für eine Änderung sei, als gut gemeinten Tipp. Doch uns selbst gegenüber sind wir oft blind.

Unsere Gedanken entstehen aus unseren Überzeugungen.

Sich wiederholende Gedanken zeigen dir deine Glaubenssätze.

Hinter vehement verteidigten Ansichten und Meinungen verstecken sich tiefste Überzeugungen – Überzeugungen, die als Wahrheit anerkannt werden. Das ist bei jedem Menschen so, zumindest bei den Menschen, die kognitiv in der Lage sind, Worte zu verstehen und umzusetzen.

Die Frage ist: Unterstützen dich deine Glaubenssätze und Überzeugen oder bremsen sie dich? Bauen sie Mauern auf oder öffnen sie Türen?

Sicher ist es so, dass wir geprägt wurden, doch ab einem gewissen Zeitpunkt im Leben können wir wählen, wie wir unser Leben gestalten und erleben möchten.

Unser Denken offenbart uns, was tatsächlich in uns wirkt. Ist unser Innerstes, unser Herz, verschlossen, sind unsere Gedanken abweisend, trennend, verurteilend, kalt. Sind wir im Innersten offen, zeigen sich unsere Gedanken lebendig, verbindend, wandelbar und weich.

Wenn dir nicht gefällt, was du beobachtest, frage dich: Was muss ein Mensch glauben, der solche Gedanken hegt?

Gefällt dir deine momentane Realität nicht? Dann stelle dir die gleiche Frage.

Erlebst du Dinge, auf die du keinen Einfluss hast („Schicksalsschläge") und scheinst du daran zu verzweifeln, überprüfe, wovon du überzeugt bist, was du glaubst. Unterstützt dich deine Überzeugung oder nimmt sie dir Kraft?

An den essenziellen Punkten unseres Lebens zeigt sich, was wir wirklich glauben, zeigen sich unsere wahrhaftigsten Überzeugungen. Und hier bekommen wir die Möglichkeit, grundsätzlich eine Wahl zu treffen. Eine Wahl, die so essenziell ist, dass sich unser gesamtes System nach dieser Wahl ausrichten wird.

Oft sehe ich richtig, wie einzelne Gehirne angestrengt versuchen, die richtige Schublade zu finden, in die sie mich packen können. Der schönste Augenblick ist dann für mich der, an dem ich erleben darf, dass eine neue Schublade eingerichtet wird und somit bestehende, enge Glaubenssysteme in Frage gestellt oder erweitert werden.

Über meine Körperlichkeit zeige ich tagtäglich auf, dass scheinbar Unmögliches möglich ist.

Auch für dich.

Ich wünsche mir sehr, dass diese Botschaft bei dir ankommt.

Eine meisterhafte Verbindung

Oft werde ich gefragt, wie ich damit umgehe, dass ich auf Unterstützung und Hilfe anderer Menschen angewiesen bin. Vor ein paar Jahren hätte ich auf diese Fragen trotzig geantwortet, dass ich nicht auf Hilfe angewiesen bin.

Oberflächlich betrachtet erscheint das Thema komplex und vielfältig. Vor meinem geistigen Auge ziehen Menschen vorbei, die ich persönlich kannte, von denen ich gelesen oder auch gehört hatte: Menschen mit schweren körperlichen Einschränkungen, Menschen, die sich aufgrund psychischer Erkrankungen eingeschränkt zeigen, Menschen, die traumatische Erlebnisse zu verarbeiten haben, Menschen, die finanziell am Existenzminimum ihr Leben verbringen und ... und ... und ...

Ich lasse meine Vergangenheit Revue passieren. Mir persönlich war es sehr wichtig, meinen Alltag und alles, was dazugehört, selbstständig zu meistern. Hilfe anzunehmen fiel mir sehr schwer. Oft reagierte ich auf Hilfsangebote trotzig. Lieber nahm ich einen weiteren Weg in Kauf oder verzichtete auf etwas, als nach Hilfe zu fragen. Es brauchte etwas Zeit, bis mir auffiel, dass es jetzt wichtig wäre, dieses starre Verhalten wieder zu lockern. Ich übte, „Ja" zu sagen. So ließ ich mich hin und wieder von Fremden einen Berg hinaufschieben oder mir etwas aus der obersten

Regalreihe reichen. Die ersten Anfänge waren getan und mit jedem Mal fiel es mir leichter.

Ein Schlüsselerlebnis war für mich das Paragliding. Bereits als junges Mädchen war es ein Traum von mir zu fliegen. Frei wie ein Adler.

Es dauerte einige Jahre bis ich mir diesen Traum erfüllte. 2003 war es so weit.

Eine bunt gemischte Gruppe von Menschen inklusive mir fuhren an den Achernsee, um dieses Erlebnis gemeinsam zu zelebrieren. Eine sehr gute Bekannte hatte den Termin organisiert und die Flugschule über mein Dabeisein im Vorfeld informiert.

Als wir ankamen, erwarteten uns zur Begrüßung ein Gläschen Sekt und eine kurze Ansprache. Drei Flieger waren uns zugeteilt, von denen einer noch auf sich warten ließ. Ich war aufgeregt und fragte die Dame, mit wem ich fliegen würde. Sie antwortete: „Dein Flieger müsste jeden Moment da sein." Kaum ausgesprochen, fuhr ein Taxi vor: Ein junger, attraktiver Mann, der allerdings aussah, als ob er drei Tage lang Party mit ziemlich viel Alkoholkonsum hinter sich hatte, stieg aus. Ich war „begeistert". Der erste Satz, der mir durch den Kopf schoss: „Super, Silke, du bekommst wieder den, der drei Tage lang durchgesoffen hat."

Er ließ mir nicht viel Zeit, meine Gedanken weiter auszuführen, sondern kam auf mich zu und sagte: „Bist du so weit?"

Woran ich bis zu diesem Zeitpunkt keinen Gedanken verschwendet hatte, war, dass unsere Körper der Schwerkraft unterliegen, was bedeutet, dass wir einen Berg besteigen mussten. Er erklärte mir, dass wir zuerst mit der Gondel fahren würden und er mich dann das letzte Stück tragen würde. Ich sagte: „Nein, tragen lass ich mich nicht – ich laufe auf den Händen hoch." Er schaute mich irritiert an und erklärte mir etwas ungeduldig, dass das zu steil sei und auch zu lange dauern würde. Er würde mich tragen! Ich wäre schließlich leichter als sein Gleitschirm.

Ich stieg in die Gondel und dachte: „Das werden wir noch sehen, ob ich mich von dir tragen lasse." Kurz bevor die Gondel stoppte, packte er mich und warf mich wie einen Kartoffelsack über seine Schultern. Dann stieg er mit mir aus und trug mich die letzten steilen Meter nach oben. Er schwitzte und atmete schwer. Ich hing als Last auf seinem Rücken. Dieses Bild war Symbol für das, was ich nicht wollte. Eine Last für einen anderen Menschen sein. In mir war so starker emotionaler Aufruhr, dass ich keinen klaren Gedanken mehr fassen konnte. Das hatte den Vorteil, dass kein Raum für Gedanken über den Ablauf des Fliegens in mir war. Oben angekommen ließ er mich auf einen Stein ab, setzte mir einen Helm auf und gab mir eine Jacke. Er legte mir einen

Gurt an und tapte die Enden, an denen die Beine normalerweise durchgehen, zusammen.

Woran ich auch nicht gedacht hatte, war, dass bei einem Tandemflug beide beim Start laufen bzw. rennen müssen. Mein Flieger erklärte mir seine Idee: Zwei Männer würden mir die fehlenden Beine ersetzen. Da ich bei ihm angegurtet wäre, würden diese zwei Männer mich an den Armen halten und für mich rennen.

Gesagt, getan – und ehe ich mich versah, flogen wir.

Das Gefühl war unbeschreiblich. Ich fühlte mich so sicher und gleichzeitig so frei. Mein Flieger ließ mich diese Gefühle eine kleine Weile genießen, bevor er fragte, ob ich Lust auf ein paar Spinnings hätte. Ich hatte Lust. Was soll ich sagen: Es war unbeschreiblich. Nach gut 25 Minuten waren wir wieder in Richtung Erde unterwegs. Kurz vor dem Aufkommen fiel mir wieder ein, dass ich nicht mitlaufen konnte. Ich wollte ihn gerade daran erinnern, als wir auch schon aufsetzten: So sanft, dass ich den Eindruck hatte, auf Watte zu landen. Mein Flieger entgurtete mich und ein Mann aus der Gruppe kam und trug mich außerhalb der Landezone.

Ich fühlte mich, als könnte ich die Welt aus den Angeln heben.

Ich legte mich ins Gras und genoss dieses unbändige Freiheitsgefühl.

Als alle gelandet waren, gingen wir zusammen essen. Mein Flieger war nicht mehr dabei. Einer der anderen Flieger kam auf mich zu und fragte mich, ob ich wüsste, mit wem ich da geflogen war. Ich sagte: „Nein." Meinen ersten Eindruck behielt ich lieber für mich. Der andere Flieger sagte: „Das war der Weltmeister im Paragliding. Er kam direkt von einem Flug über den Ärmelkanal, mit dem er einen Rekord gebrochen hat, um mit dir zu fliegen. Deswegen sah er noch ein wenig mitgenommen aus." So viel zu meinen Interpretationen.

Was mich diese Situation lehrte: Bis dahin hatte ich niemals darüber nachgedacht, was es für Menschen bedeuten könnte, mir ihre Unterstützung zu schenken, mich ein Stück weit zu tragen. Durch dieses Getragenwerden bauten wir eine Verbindung auf. Für diesen Mann, der mich zum Abflugplatz getragen hatte, war es ein Geschenk gewesen, mich tragen zu dürfen, ein Vertrauensbeweis, den er auch brauchte, um mit mir, frei wie ein Vogel, zu fliegen.

Eine weitere Schlüsselsituation, die meine Perspektive nochmals erweiterte, erlebte ich im Rahmen eines Seminars zur Persönlichkeitsentwicklung. Der Seminarraum befand sich im Kellergeschoss, Zimmer und Kantine im Erdgeschoss – kein Aufzug.

Also lief ich auf Händen die Treppen hinauf und hinunter. Die Treppe war sehr schmal, sodass ich entweder nachkommende Menschen vorbeiließ oder, mit einem sehr mulmigen Gefühl im Bauch, vor ihnen die Treppe hochging. Es löste sehr unangenehme Emotionen in mir aus und es formte sich der Gedanke, dass ich die Menschen hinter mir aufhalten würde. Und das stimmte auch – jedoch nicht so, wie es aussah. Ich hielt die Gruppe auf, da ich nicht in der Lage war, nach Hilfe zu fragen oder angebotene Hilfe anzunehmen, zum Beispiel mich einfach hinauftragen zu lassen.

Heute fällt es mir wesentlich leichter, Unterstützung anzunehmen, Ja und Nein zu einem Angebot zu sagen. Gelingt es mir immer? Nein, nicht immer – doch immer öfter.

Für mich zeigen der Film „Ziemlich beste Freunde" und das Buch „Ein ganzes halbes Jahr", wie reich und würdevoll eine scheinbare Abhängigkeit sich entwickeln kann. Was es aus meiner Sicht bedarf, ist Offenheit und das Vertrauen des Hilfenehmenden, dass die Menschen, die ihre Unterstützung und Hilfe bieten, selbst wählen können, ob sie dies möchten oder nicht, das Erkennen, dass es ein Geschenk für beide Seiten ist und der scheinbar Abhängigere auf seine ganz besondere Art und Weise seinem Gegenüber dient. So können die Griffe eines Rollstuhls als Stütze des schiebenden Menschen dienen.

Ein guter Bekannter von mir verlor immer mehr seine Sehkraft. Wenn wir beide loszogen, nutzte er die Griffe des Rollstuhles als Stütze, seine Kraft, um zu schieben und meine Sehkraft zeigte uns den Weg.

Es gibt für mich keinen Weg, wie „man" mit solchen Situationen umgehen kann. Es bedarf aus meiner Sicht der Offenheit, Ehrlichkeit und einer guten Portion Selbstreflexion des Hilfenehmenden sowie des Hilfegebenden – dann kann aus einer vermeintlichen „Abhängigkeit" Erfüllung für beide Seiten wachsen.

FAMILIENBANDE

Bei jedem Menschen ist die Familie ein wesentlicher Bestandteil des eigenen Lebens.

Familie ist radikal.

Familie sind Wurzeln.

Ob uns das nun gefällt oder nicht, Familiensysteme wirken in unserem Leben.

Lange Zeit habe ich versucht, dies zu ignorieren. Erst mit der Erkenntnis, dass Ignoranz, Flucht und Abwehr keine Änderung bewirken, sondern nur der Weg, mich vollkommen einzulassen, gelang es mir, die Fesseln der Vergangenheit zu sprengen. Es erlaubt mir heute, in Frieden und Liebe, mit all dem, was war, zu sein.

Meine Mutter

Die erste Beziehung, die wir in unserem Leben als menschliches Wesen erleben, ist die Beziehung zu unserer Mutter, gleichgültig, ob deine Mutter nach deiner Geburt für dich präsent war oder nicht. Sie hat dir ihren wundervollen Körper zur Verfügung gestellt und dich unter mehr oder weniger großen Schmerzen zur Welt gebracht.

Und somit widme ich den ersten Teil meiner Mutter, die mir auf so facettenreiche und vielfältige Art und Weise ihre Liebe gezeigt und geschenkt hat. Ich gebe zu, es hat einige Jahre gedauert, bis ich das erkannt habe. Bis dahin lief ich mit einer Art Blindenstock durch die Welt. Auf der Suche nach ihrer Liebe stocherte ich wahl- und orientierungslos in ihrem Leben herum. Dieser Stock war getränkt mit Wut, Enttäuschung, Verachtung, Rücksichtslosigkeit und Scham. Ein kleiner Ausschnitt dieses Stockes hatte auch Dankbarkeit und Liebe getrunken. Doch das andere überwog bei Weitem.

Meine Mutter war 26 Jahre alt, als der Unfall geschah. Für sie waren die Auswirkungen am deutlichsten zu spüren und zu erleben. Hatte sie bisher für die Familie gesorgt und im Geschäft mitgearbeitet, so verbrachte sie nun ihre Zeit mit mir im Krankenhaus. Bis zu meinem Aufenthalt in der Rehaklinik war meine

Mutter täglich bei mir. Sie hatte die Gabe, auf natürliche Art und Weise mit mir umzugehen und meine Bedürfnisse zu erkennen. Von Reaktionen im Außen ließ sie sich nicht zurückhalten. Auch hat sie sich, mir gegenüber, nicht anmerken lassen, dass die neue Situation sie belastete.

Ihr Verhalten war insgesamt, im Gegensatz zu dem meines Vaters, eher extrovertiert. Ihre Stimmungen waren sicht- und erlebbar. Doch genau so schnell, wie sie aufbrauste, beruhigte sie sich auch wieder.

Nach meinem Unfall begann meine Mutter verstärkt zu trinken. Anfangs fand ich das oft lustig, da meine Mutter sich mit einem „Schwips" lockerer und wesentlich fröhlicher zeigte. Nach der Trennung von meinem Vater und unserem Umzug nach Bayern verstärkte sich ihr Trinkverhalten und sie zeigte sich nicht mehr oft so fröhlich. Ihr Verhalten äußerte sich in Wut, Vorwürfen und Beschimpfungen. Nach dem Tod meiner Schwester im Jahr 1995 trank sie des Öfteren auch bereits vormittags.

Meine Mutter war Alkoholikerin. Sie suchte ihr Heil im Alkohol.

Wirklich begreifen und annehmen konnte ich dies erst im Alter von 37 Jahren. Bis dahin schwankte ich zwischen rationalem Verständnis und emotionaler Wut, Enttäuschung, Verachtung und Schuldgefühlen.

Auf einer Ebene war mir klar, dass meine Mutter Liebe suchte. Doch gleichgültig, was ich auch tat oder sagte – sie drehte sich weg. Ich forderte sie wütend heraus, versuchte es sanft und weich – oder brach den Kontakt ab. Nichts davon schien ihre oder meine Wunden zu heilen. Wenn ich sie über ihr Grundstück gehen sah und sie sich unbeobachtet fühlte, hatte ich oft den Eindruck, mich erreichte ihr Innerstes – sie wirkte so einsam und verloren.

Meinen letzten Versuch, auf der äußeren Ebene etwas zu bewirken, unternahm ich 2007. Im Zuge meiner Beschäftigungsaufnahme in 130 km Entfernung von meiner Wohnung nahm ich ihr Angebot an und zog mit meinen Kindern zu ihr. Meine Mutter und ihr Mann besaßen zwei Häuser. Das eine war ein Einfamilienhaus, welches sie bewohnten, das andere ein Mehrfamilienhaus, in das wir einzogen.

Ich ging diesen Schritt sehr bewusst, mit tiefem Respekt und wohl wissend, dass dies mein letzter Versuch auf der sichtbaren Ebene sein würde.

Es ging ungefähr drei Monate gut. Meine Mutter war ein herzensguter und sehr hilfsbereiter Mensch und zu diesem Zeitpunkt konnte ich bereits wieder erkennen, dass sie mich und auch meine Kinder unendlich liebte – nur fiel es ihr sehr schwer, uns dies auf eine Art und Weise zu zeigen, die wir annehmen konnten.

Ihre Art Liebe äußerte sich in einem rauen, oft harten Tonfall, gepaart mit Vorhaltungen, aus denen beim genauen Hinhören ihre Sorge um uns sprach. Doch besonders meinem Sohn fiel es sehr schwer, mit diesem Verhalten umzugehen. Pascal war 12 Jahre alt und verstand nicht, wieso seine Großmutter in diesem Ton mit ihm sprach oder sich manchmal so böse zeigte. Als mein jetziger Partner bei uns einzog, veränderte sich ihr Verhalten noch stärker und sie entlud ihre Enttäuschung, ihren Schmerz und ihre Wut über meine Kinder. Mein Versuch war gescheitert und nach zwei Jahren zogen wir aus.

Ich habe nur eine Ahnung, aus welchem Grund sich ihr Verhalten mit dem Einzug eines Partners erneut so stark änderte. Meine Mutter hatte mir stets prophezeit, dass ich spätestens mit 40 Jahren wieder vor ihrer Tür stehen und sie brauchen würde. Sie drückte ihre Liebe über Hilfsbereitschaft und Pflege aus. Gebraucht zu werden – das war ein Weg, den sie kannte und den sie mit Liebe gleichsetzte. Dass ich mich anders entwickelte, als sie es sich je hatte vorstellen können, hat sie auf einer Ebene scheinbar sehr enttäuscht.

Meine Kinder hatten stets die Wahl, ob sie ihre Großmutter weiter besuchen wollten oder nicht. Es war mir wichtig, dass sie sich ein eigenes Bild schafften und ihre Beziehungsform zu ihr fanden.

Wir zogen im März 2009 aus. Fünf Wochen später starb mein Neffe, der nach dem Tod meiner Schwester bei meiner Mutter aufgewachsen war, durch einen Unfall mit seinem Quad. Sie rief mich nicht an, um mir Bescheid zu geben. Ich erfuhr zeitnah durch eine Freundin, dass er mit dem Hubschrauber nach Nürnberg in die Kopfklinik geflogen worden war. Ich rief meine Mutter an. Sie sagte nur: „Er hat es nicht geschafft, seine Kopfverletzungen waren zu schwer." Ich fragte, ob ich kommen solle. Ihre Antwort: „Ich habe bis jetzt alles alleine geschafft, dann schaffe ich das auch noch" – und legte auf.

Mit diesem einen Satz drückte sie aus, wie sie sich all die Jahre gefühlt hatte und noch immer fühlte. Einen Moment lang spürte ich Wut, ich ließ das Gefühl mit aller Wucht in mir ankommen. Ich war so wütend, dass mein Neffe alleine in der Klinik gestorben war und weder meine Mutter noch mein Stiefvater sich auf den Weg zu ihm gemacht hatten. Und ich war wütend, dass sie mir nicht die Möglichkeit geschenkt hatten, dies selbst zu tun.

Bei der Trauerfeier für meinen Neffen gab es einen letzten Moment der intensiven Nähe zu meiner Mutter: Sie kam auf mich zu – zügig, suchend, einsam und hilflos. Ich nahm ihre Hand und sagte nichts. Sie fing an zu weinen. Ich nahm sie in den Arm. Ein Moment schlichter, reiner, bedingungsloser Liebe. Das war das letzte Mal, dass ich im Außen Kontakt zu ihr hatte.

Die Tage darauf nahm ich Abschied von meinem Neffen und von ihr. Ich ließ die Vergangenheit Revue passieren, nahm alles an Wahrem, Gutem und Schönem, was sie mir geschenkt hatte, in mich auf und schloss dieses Kapitel für mich.

Am 03. Oktober 2011 teilte mir meine Cousine mit, dass meine Mutter in der Nacht verstorben sei. Am nächsten Tag besuchte ich den Hausarzt meiner Mutter, weil ich wissen wollte, wie sie gestorben war, da sie oft gesagt hatte, dass sie sich erhängen würde. Sie hatte sich nicht erhängt. Sie ist an den Folgen eines Darmverschlusses gestorben. Doch glaube mir, ich hatte einige Momente in der Vergangenheit, in denen ich dachte: „Dann häng dich endlich auf. Vielleicht ist dann Ruhe." Für diese Gedanken habe ich mich verurteilt. Heute weiß ich, dass sie einfach ein Ausdruck meiner Sehnsucht nach Ruhe waren, so wie ihre Sätze der Ausdruck ihrer tiefen Sehnsucht nach Frieden und Liebe waren.

Das Verhalten meiner Mutter entsprach sehr oft nicht meinen Vorstellungen und Erwartungen und das meine nicht ihrer Erwartung an eine liebevolle Tochter. Wir haben uns tiefe Wunden zugefügt und ich liebe sie, so wie sie auch mich stets geliebt hat. Das ist alles, was wirklich zählt. Sehr oft habe ich mir gewünscht, dass sie glücklich wird. Sie hat in ihrem Leben harte Schläge erlebt und es hatte den Anschein, als ob sie beschlossen hätte, sich von niemandem mehr berühren zu lassen, sodass ein erneuter Verlust weniger oder gar keinen Schmerz verursacht. Was sie erreicht hat, war einzig, dass sie auch keine Liebe mehr erkennen und annehmen konnte.

Doch wer von uns kennt solche Momente und Zeiten nicht? Jedes Mal, wenn wir uns entscheiden, unserer Angst vor Verlust und Schmerz zu folgen, wenn wir Wut und Enttäuschung Macht über uns geben, sehen und erkennen wir nicht mehr, wie die Liebe wirkt. Wer ist so vermessen, hier den ersten Stein aufzunehmen und zu werfen?

Meine Mutter war stets auf der Suche nach Liebe, die auf eine bestimmte Art und Weise gezeigt werden sollte. Viele Jahre habe ich versucht, diese bestimmte Art und Weise zu finden, sodass sie erkennen konnte, wie sehr ich sie liebe. Ich weiß bis heute nicht, ob mir dies je gelungen ist. Während ich dies schreibe, bemerke ich ein leichtes Ziehen in meinem Brustkorb – Wehmut gepaart mit ein klein wenig Traurigkeit.

Mein Vater

Mein Vater ist ein sehr harmoniebedachter und hilfsbereiter Mensch. Mit seiner charismatischen Ausstrahlung, seinem selbstverständlichen Auftreten und seinem feinen Humor fällt es leicht, ihn zu mögen und zu lieben.

Er war 27 Jahre alt als der Unfall geschah und es fiel ihm schwerer als meiner Mutter, mit der neuen Situation umzugehen. Insbesondere die Reaktionen von außen machten ihm zu schaffen. Deswegen hatte er es am liebsten, wenn ich im Rollstuhl blieb. Dann fiel ich zwar immer noch auf, doch anders, als wenn ich am Boden herumlief.

Als Vater war er stets für meine Schwester und mich da und hat so manche Dummheit, die wir angestellt hatten, für uns geregelt. Nie ist auch nur ein böses Wort uns gegenüber über seine Lippen gekommen. Er hat versucht, uns Dinge und Konsequenzen verständlich zu machen, und hatte stets im Bewusstsein, dass jung zu sein auch bedeutet, Fehler zu machen und über die Stränge zu schlagen. Dafür bin ich ihm noch heute sehr dankbar.

Auch als wir erwachsen waren, hat unser Vater uns stets die Freiheit geschenkt, unsere Wahl zu treffen. In Zeiten, in denen Disharmonie herrschte, hat er stets versucht, darauf einzuwirken, die

Konflikte zu beenden. Er hat es jedoch immer akzeptiert, wenn wir dies nicht taten oder nicht so, wie er es sich wünschte.

Mein Vater ist ein sehr aktiver Mensch. Mit seinen 67 Jahren, die ihm nicht anzumerken sind, bewegt er sich mit hohem Engagement und Humor durch sein Leben. Er lebt seit über 25 Jahren in einer Beziehung und ist heute noch selbstständig in seinem Herrensalon tätig.

Meine Eltern haben mir verschiedene Möglichkeiten aufgezeigt, Paarbeziehungen zu leben. Es war meine Aufgabe, die für mich stimmige Version zu wählen oder eine neue zu kreieren. Auch auf das Thema Geld erhielt ich durch meine Eltern unterschiedlichste Eindrücke, die sich später in meinem Erwachsenenleben wieder zeigten. Und auch hier durfte ich lernen, eine für mich angemessene Wahl zu treffen.

Meine Schwester

Meine Schwester war zum Zeitpunkt des Unfalles fünf Jahre alt. Da meine Mutter bis zum Wechsel in die Rehaklinik stets bei mir war und aufgrund der Selbstständigkeit meines Vaters und meiner Großeltern bedeutete dies für meine Schwester eine wechselhafte

Zeit der Betreuungspersonen. Meine Schwester und ich haben über ihr Miterleben des Unfalles und über die Zeit danach nicht gesprochen. Ab und an brach in ihrem Verhalten mir gegenüber Eifersucht durch, weil sie dachte, dass ich mehr dürfte als sie. Das mag anfangs auch so gewesen sein, doch meistens war es bedingt durch unseren Altersunterschied.

Als Geschwister verhielten wir uns, denke ich, wie viele Geschwisterpaare. Wir liebten uns, wir führten Kämpfe aus und verbrachten viel Zeit gemeinsam. Sie nahm mich mit zu „ihren" Pferden und ritt mit mir aus. Nur ihr vertraute ich in Bezug auf die Pferde. Meine Schwester hatte einen natürlichen Instinkt, was Tiere anbetraf. Die Bindung zwischen ihr und mir wurde nach der Trennung unserer Eltern noch stärker und intensiver.

Unsere Wege gingen für kurze Zeit auseinander, als sie ein Jahr bei unserem Vater und ich bei unserer Mutter lebte.

Im Alter von 23 Jahren erkrankte meine Schwester am Non-Hodgkin-Lymphom. Eine Form von Krebs, die sich über die Lymphbahnen ausbreitet. Sie starb mit 24 Jahren im März 1995. Ihr Sohn war zu dem Zeitpunkt sechs Jahre alt. Er lebte bis zu seinem Tod bei unserer Mutter. Im Kapitel „Begegnungen mit dem Tod" schreibe ich ausführlich darüber.

IM DSCHUNGEL DER FINANZEN

Ich wuchs auf in dem Glauben, dass Geld scheinbar keine Rolle in unserer Familie spielte, da immer mehr als genug vorhanden war.

Wie meine Großeltern waren auch meine Eltern selbstständig und meine Schwester und ich hatten stets mehr Geld zur Verfügung, als wir tatsächlich benötigten. Ich erinnere mich, dass meine Eltern gerne Tennis spielten und auch ich bekam einen extra angefertigten Tennisschläger. Wir besaßen ein kleines Motorboot, mit dem wir im Sommer oft auf einem Kanal schipperten. Meine Schwester durfte ihre Leidenschaft für Pferde leben, wir besuchten Stockcar Rennen, verbrachten freie Tage mit unseren Eltern in Freizeitparks, fuhren für einen Tag auf die Insel Norderney, jedes Instrument, welches wir erlernen wollten, wurde angeschafft und wir erhielten Unterricht.

Als dann entschieden wurde, dass ein Haus gebaut werden sollte, damit ich nicht mehr mehrmals täglich die Treppen in den 2. Stock unserer Dachgeschosswohnung hinaufgehen musste, wurde ich das erste Mal damit konfrontiert, dass Geld doch eine Rolle spielte – und zwar eine wesentliche.

Die genauen Zusammenhänge waren mir nicht bekannt, doch ich hörte, wie meine Eltern sich stritten – und meist ging es um Geld. Ich erinnere mich an eine Situation, in der ich in meinem Zimmer spielte und laute Stimmen nebenan hörte. Meine Eltern stritten sich. Es ging um Geld im Zusammenhang mit dem Bau des Hauses. Ich erinnere mich, dass ich mir wünschte, dass sie mit dem Streiten aufhörten, und in mir formte sich der Gedanke: „Wenn dir dein Unfall nicht passiert wäre, würde jetzt kein Haus gebaut werden und deine Eltern würden nicht streiten." Übersetzt bedeutete das: Ich bin schuld, dass sie sich stritten. Dieser Gedanke und die daraus entstandene Emotion wurden im Laufe der folgenden Jahre zu einer festen Überzeugung, die mir irgendwann nicht mehr bewusst war.

Bis zur Trennung meiner Eltern erfuhren meine Schwester und ich weiterhin jegliche finanzielle Zuwendung, obwohl das Geld nicht mehr in dieser Fülle zur Verfügung stand, sondern geliehen wurde. Als unsere Eltern sich trennten, war ich in meinem 16. Lebensjahr angekommen. Wir wurden gefragt, bei wem wir leben wollten. Wir entschieden uns, mit unserer Mutter nach Bayern zu gehen. Diese Entscheidung fiel uns sehr, sehr schwer. Wenn wir ehrlich gewesen wären, wären wir bei unserem Vater geblieben, doch wir gingen aus Mitgefühl mit unserer Mutter.

Bis meine Mutter Arbeit fand, lebten wir von Sozialhilfe. Eine

Erfahrung, die unserer Mutter weit mehr Schwierigkeiten bereitete als uns. Geld vermisste ich nicht. Ich vermisste meine Clique, meinen Vater, unseren Hund, meine Großmutter. All das, was bis zu diesem Zeitpunkt mein Leben dargestellt hatte.

Während meiner Ausbildung bekam ich ein Taschengeld in Höhe von 140,– DM. Das reichte mir vollkommen aus. Als ich zu arbeiten begann, verdiente ich gut. Doch das Geld gab ich schneller wieder aus, als es hereinkam. Meine Mutter sagte oft zu mir: „Du bist wie dein Vater." Was sie in diesem Fall nicht als Kompliment äußerte, doch ich fand das gut. Ich verehrte meinen Vater und zeigte stets Verständnis für seine Art, sein Leben zu leben.

Ich heiratete und mein Ehemann und ich hatten gemeinsam noch mehr Geld – und wir gaben es aus. Meist mehr, als wir hatten.

Nach der Trennung von ihm lebte ich mit meiner Tochter wieder von Sozialhilfe. Mein Exmann und ich hatten gemeinsame Schulden, die er nicht bediente und ich nicht bedienen konnte. Er verließ Deutschland und ging zurück in die USA. Es kam, wie es kommen musste: Ich wurde aufgefordert, die eidesstattliche Versicherung abzulegen, mit der ich kundtat, dass ich die Schulden nicht begleichen könnte. Es begann eine Zeit, in der der Gerichtsvollzieher regelmäßiger Gast bei uns war und mein Konto der Pfändung unterlag. Als ich wieder Arbeit aufnahm, begann ich, die Schulden zu begleichen. Mit dem größten Gläubiger der Bank vereinbarte ich einen Vergleich und die Besuche des Gerichtsvollziehers endeten. Insgesamt zahlte ich sechs Jahre an der Begleichung der Schulden. Ende 1999 war ich schuldenfrei, doch nicht frei von Schuld.

Meine Schuldenfreiheit dauerte knapp ein Jahr. Den ersten Kredit nahm ich wieder auf, als der Desaster-Umzug anstand, den ich im Kapitel „Im Brennglas der Liebe" beschreibe. Dieser Kredit war nicht hoch und bedienen konnte ich ihn, ohne mich einschränken zu müssen.

Ein Jahr später, 2002, erhöhte ich diesen Kredit, als ich mich ein wenig in der Welt der Esoterik verlor. Seminare und Ausbildungen in diesem Bereich kosten Geld und mein Vertrauen war noch nicht so weit ausgeprägt, dass ich mich ganz und gar darauf verlassen hätte, dass das Geld zur rechten Zeit auch zur Verfügung stehen würde. Dazu brauchte es noch ein wenig mehr Referenzerfahrungen, als die der Auszahlung der Abfindung. Die Möglichkeit diese zu erschaffen, bekam ich dann auch. Ich nahm so viel Geld auf, dass auch ein Urlaub für mich und meine Kinder mitfinanziert werden konnte.

Mein Ausflug in die Welt der Esoterik schenkte mir sehr viele wertvolle Erkenntnisse, auch in Bezug auf Geld. Bis dato hatte ich stets eine großen Bogen um Menschen und Bücher gemacht, die in irgendeiner Form mit Esoterik zu tun hatten. Für mich waren dies Menschen, die über Wolken schwebten und auf der Erde nicht klarkamen.

Da Freiheit für mich der höchste Wert ist, wollte ich diesen nun auch im beruflichen Kontext leben. Voller scheinbarem Vertrauen kündigte ich meinen Job in der Logistik und beschloss, mich selbstständig zu machen. Es war ein richtig cooles Jahr – nur habe ich mit der Selbstständigkeit keinen Cent verdient. Ich erinnere mich sehr prägnant an den Monat August 2004. Es war der 21. des Monats, ich hatte noch ganze 15 Euro zur Verfügung und keine Ahnung, wie ich die Miete begleichen sollte. Da ich im Außen auf die Schnelle keine Veränderung bewirken konnte, wendete ich an, was ich in meiner Ausbildung zur Persönlichkeitstrainerin gelernt hatte. Ich zog meinen Verstand von der Suche nach einer Lösung im Außen ab und beschäftigte mich mit meinen Überzeugungen und Glaubenssätzen, die mir diese Situation beschert hatten. Ich nahm mein Tagebuch und traf eine neue Wahl, indem ich aufschrieb, wie und was ich erleben wollte. Dies schenkte mir das Gefühl der Handlungsfähigkeit.

Bereits am nächsten Tag erlebte ich die ersten Auswirkungen meiner intensiven, inneren Arbeit. Ich bekam Besuch von einer lieben Freundin und deren Sohn – mit ihr hatte ich die Ausbildung zur Persönlichkeitstrainerin absolviert. Sie schlug vor, in einen Biergarten zu gehen. Von meiner finanziellen Situation wusste sie nichts.

Ich dachte: „Auch schon egal, das Geld reicht eh nicht!" Und sagte: „Ja." Kurz bevor wir gingen, klingelte es an der Tür: Ich öffnete, ein Mann stand vor mir und bat um eine Spende. Mein erster Gedanke war: „Wenn hier jemand eine Spende braucht, dann doch wohl ich!" Der zweite Gedanke lautete: „Silke, was hast du gelernt? Gerade dann, wenn du meinst, nicht genug zu haben – gib!" Also holte ich meine letzten 15 Euro und gab dem Herrn davon fünf Euro als Spende, begleitet von dem Gedanken: „Zehnfach zurück zu mir."

Wir fuhren in den Biergarten und ich gab die letzten zehn Euro für meinen Sohn und mich aus.

Als sich meine Freundin verabschiedete, überkam mich dann doch etwas Verzweiflung. Ich setzte mich an den Schreibtisch und ließ meinen Tränen freien Lauf. Plötzlich hörte ich, wie ein Auto rückwärts zu unserem Haus fuhr und stoppte. Eine Tür schlug zu und kurz darauf stand der Sohn meiner Freundin im Wohnzimmer. Er übergab mir einen Umschlag mit den Worten: „Den soll ich dir von meiner Mutter geben." Und weg war er wieder. Ich öffnete den Umschlag. Heraus fielen ein gefaltetes Blatt

Papier und ein 100-Euro-Schein. Auf dem Blatt standen die Worte: „Eine kleine Übung zum Thema „Annehmen". Danke für diesen schönen Nachmittag. Erfüll Dir einen Wunsch." Jetzt weinte ich noch mehr – doch nun waren es Tränen der Befreiung.

So ging es in den nächsten Tagen weiter. Das Einzige, was ich hinzu fügte, war „JA" zu den Angeboten zu sagen, die mir unterbreitet wurden und innerhalb von zehn Tagen wandelte sich das Minus in ein fettes Plus.

In diesem Jahr der frei gewählten Arbeitslosigkeit und des Spielens mit der Selbstständigkeit bediente ich die Forderungen der Bank nur sporadisch, sodass die Sachbearbeiter dort sehr ungeduldig wurden. Ich konnte mir jedoch nicht vorstellen, wieder in althergebrachter Form arbeiten zu gehen, also nahm ich das Jobangebot der Beschäftigungsinitiative für Langzeitarbeitslose als Sekretärin der Geschäftsführung in Teilzeit an und arbeitete zusätzlich auf selbstständiger Basis für ein weiteres Unternehmen im Büro. Der Gerichtsvollzieher tauchte wieder auf, doch wir kannten uns ja bereits und so führten wir auch immer wieder gute Gespräche miteinander. In einem dieser Gespräche sagte er zu mir: „Wissen Sie, was das Problem bei Ihnen ist? Sie haben bereits die Erfahrung gemacht, dass Ihnen im Grunde nichts geschieht, und das macht es den Gläubigern schwer, sie zu überzeugen, nach ihren Regeln zu spielen." Das hatte er gut erkannt.

Angst ist keine Regel mehr, nach der ich spiele.

Mit der Aufnahme meiner Tätigkeit in der Jugend- und Erwachsenenbildung entschloss ich mich, dass es nun an der Zeit sei, die Schulden zu begleichen. Da die Gläubiger meine Vorschläge der Rückzahlung ablehnten, wählte ich den Weg der Privatinsolvenz. Die Vorbereitung dauerte seine Zeit und ich erhielt den Gerichtsbeschluss über die Einleitung des Insolvenzverfahrens am selben Wochenende als mein Neffe tödlich verunglückte. Mein Chef sowie mein damaliger Vermieter erhielten denselben Gerichtsbeschluss und beide reagierten gelassen. Von da an wurde mir jeden Monat eine große Summe des Gehalts abgezogen und direkt auf das Treuhandkonto überwiesen. Drei Jahre später hatte ich sämtliche eingeforderten Schulden gezahlt und das Insolvenzverfahren wurde vorzeitig beendet.

In all den Jahren habe ich niemals wirklichen Mangel erfahren. Wir hatten stets mehr zur Verfügung, als ein Mensch braucht, um seine Grundbedürfnisse zu befriedigen. Ich kann mich auch nicht erinnern, dass ich mich „arm" gefühlt hätte. Im Gegenteil: Bis auf die Zeitspanne meiner Sinnsuche, habe ich entweder nicht darüber nachgedacht oder mich reich beschenkt und dankbar gefühlt. Ja, es gab Zeiten, vor allem in meiner ersten Schuldenphase, da zeigte sich auf der persönlichen Ebene Angst. Angst vor den Briefen und Anrufen der Gläubiger, vor dem Besuch des

Gerichtsvollziehers, vor dem, was andere Menschen über mich denken könnten. Doch auf einer tieferen Ebene war mir bereits in dieser Zeit klar, dass mir nicht wirklich etwas geschehen würde.

Finanzielle Engpässe, Schulden, Verlust des Arbeitsplatzes und damit einhergehende finanzielle Einbußen rufen bei vielen Menschen existenzielle Ängste hervor. Unser Urinstinkt der Lebenssicherung wird aktiv und überflutet unser System. Wenn wir genau hinschauen, sind es Urängste, die wir erleben: die Angst, unter der Brücke zu landen, zu verhungern, zu erfrieren, zu sterben.

Die durch unseren Urinstinkt ausgelösten Emotionen verstärken unsere sorgenvollen Gedanken. Eine Wechselwirkung tritt ein, welche sich bis zur Handlungsunfähigkeit auswirken kann. Unsere Urinstinkte sitzen in unserem Stammhirn und agieren noch wie zu Urzeiten der Menschheit. Es hilft also nichts, sie zu verdammen. Doch wir können unsere Emotionen und Gedanken beruhigen, indem wir uns bewusst machen, dass wir hier in einem Land leben, in dem wir nicht verhungern oder erfrieren werden – außer unsere Scham über die Situation ist so groß, dass wir bei Notwendigkeit keine Unterstützung einfordern. Und solltest du einer gewaltbereiten Vereinigung Geld schulden, könnte dein Leben bei Nichteinhaltung des Rückzahlungstermins tatsächlich gefährdet sein. Doch ich gehe davon aus, dass du dir dessen bewusst warst und die möglichen Konsequenzen kanntest.

Bewusst machen bedeutet, sich selbst daran zu erinnern. Stell dir vor, du beruhigst ein kleines Kind, welches Angst vor Gespenstern hat. Was würdest du ihm sagen, um es zu beruhigen?

Versteh mich bitte richtig, dies ist kein Aufruf an dich, in Ruhe Kredite aufzunehmen. Ich möchte dir lediglich aufzeigen, dass es möglich ist, aus scheinbar verfahrenen Situationen das Beste für dich herauszuholen, und das Beste, was du aus solchen Situationen herausholen kannst, ist aus meiner Sicht persönliches Wachstum.

Es war mir immer wichtig, Geld, welches ich mir bei einer Bank geliehen hatte, auch wieder zurückzuzahlen. Genauso wie ich auch vereinbarte Ratenzahlungen einhalte oder Rechnungen bezahle, für die ich einen Gegenwert erhalten habe. Was ich mir gewünscht habe, war etwas mehr Flexibilität seitens der Gläubiger, was die Rückzahlungsmöglichkeiten anging.

Wie sieht es heute bei mir in Bezug auf Finanzen und Vermögen aus?

Seit 2012 sind alle Schulden beglichen. Zeitgleich mit dem Abbau der Schulden habe ich angefangen, Vermögen aufzubauen. Heute ist auf dem Extrakonto eine Summe, die für mich beachtenswert ist.

Begeben wir uns auf Spurensuche, was der Begriff „finanzielle Freiheit" bedeutet, bekommen wir viele Ergebnisse, die uns mitteilen, dass wirkliche finanzielle Freiheit nur mit dem Generieren von passivem Einkommen möglich ist. Dazu gibt es Tabellen, die uns genau erklären, wie das funktioniert. All das stammt von Experten, die wissen, was sie tun. Diese Experten bieten Seminare an. Bei einem der bekanntesten Experten zum Thema „Finanzielle Freiheit in sieben Jahren" habe ich mich umgeschaut und dachte in meiner Naivität, dass ich ein Seminar besuchen könnte. Ich sah die Preise und mein erster Gedanke war: „Wenn ich diese Seminargebühr locker aus der Tasche zahlen kann, brauche ich wahrscheinlich auch kein Geldseminar mehr."

Fazit: Es muss noch einen anderen Weg geben. Schulden und Vermögen bedingen einander, aus Schuldzinsen wird ein Großteil der Zinsen für Vermögen gezahlt. Was geschieht also, wenn jeder Mensch sich diese Art von finanzieller Freiheit erschafft? Ich bin ein Laie in solchen Dingen, jedoch ein Laie mit der tiefen Überzeugung, dass das Leben Reichtum und Fülle für jeden von uns vorgesehen hat. Nur ist die Währung vielleicht eine andere als Geld. Wir leben in einem System, das die Währung „Geld und Zinsen" nutzt: ein Blatt Papier, ein paar wertloser Taler, denen wir unser ganzes Vertrauen schenken, für die wir bereit sind zu hintergehen, zu lügen, Hoffnungen zu wecken und, gar nicht selten, zu töten. „Bei Geld hört die Freundschaft auf" – wer kennt diese Aussage nicht? Ich habe Menschen erlebt, die sich noch 15 Minuten vorher in den Armen lagen, doch als es um ihr Geld ging, denselben Menschen angeschrien, verurteilt oder angegriffen haben.

Geld hat für viele Menschen die Bedeutung von Existenz erhalten. Ähnlich wie das Thema Tod. Auch hier bekommen wir die Möglichkeit geschenkt, eine essenzielle Wahl zu treffen. Vertraust du dem Leben, dass es für dich sorgt, oder wählst du den Weg der äußeren Sicherheit?

Während ich dies schreibe, fällt mir auf, dass ich den Worten „finanzielle Freiheit" auch eine andere als die gemeingültige Deutung schenken könnte. Finanzielle Freiheit bedeutet, mit und ohne Geld glücklich und frei sein zu können.

Geld schenkt uns viele Möglichkeiten, uns auszudrücken, Erfahrungen zu erschaffen, zu teilen, doch die größte Chance besteht in dem Erkennen, dass wir frei von Geld unschätzbar wertvolle und unschuldige Wesen sind. Dass wir wirklich und wahrhaftig reich sind. Dass mehr als genug für einen jeden von uns vorhanden ist.

Wenn wir dieses Wissen in uns integrieren, wird Reichtum, auch auf materieller Ebene, folgen und auf einer tieferen Ebene wissen wir, dass wir unabhängig vom Geldwert weiterexistieren werden.

Wir kommen ohne materielle Güter in diese Welt und wir verlassen sie auch wieder ohne materielle Güter. Es grenzt schon fast an Wahnsinn, dass wir auch nur im Entferntesten davon überzeugt sind, irgendetwas oder irgendjemand zu besitzen.

Da ich bereits als junger Mensch beide Seiten des Geldes kennengelernt und diese beiden Seiten lange Jahre gelebt habe, weiß ich, dass Zufriedenheit, Glücklichsein und wahre Freiheit nicht von Geld abhängen. Es lebt sich nur scheinbar etwas leichter und einfacher, wenn mehr als genug vorhanden ist. Das, was Zeiten, in denen scheinbar nicht genügend Geld vorhanden ist, so schwer und kompliziert erscheinen lässt, sind unsere Gedanken, Überzeugungen und die Vergleiche, die wir ziehen.

Ich habe Menschen kennengelernt, deren finanzielle Mittel gering waren, doch haben sie sich ihre Wünsche, Träume und Visionen erfüllt.

Auch ich habe dies in meinem Leben stets wieder erlebt.

Das Leben, das Universum oder auch das Quantenfeld, nenn es wie du magst, reagiert auf das, was wir aussenden, und es wählt seinen Weg der Erfüllung. Das, was wir zu tun haben, ist, die Erfüllung bereits zu leben, unsere Handlungen danach auszurichten und Dankbarkeit für die Erfüllung zu empfinden.

In der Regel sind wir dankbar für Dinge, Erlebnisse oder Menschen, die bereits in unserem Leben sind oder waren. Und selbst das fällt uns in manchen Momenten unseres Lebens schwer.

Ist es dir möglich, für etwas dankbar zu sein, was auf der materiellen Ebene noch nicht zu sehen und erlebbar ist?

Probier es aus ...

KINDER – BOTSCHAFTER DES LEBENS

Schwangerschaften und Geburten

Ich wuchs auf in dem Glauben, keinem Kind das Leben schenken zu können, weil mir erzählt worden war, dass bei den Operationen nach dem Unfall die weiblichen Organe im Unterleib entfernt worden wären. Dies stellte ich nicht in Frage und damals war es auch noch nicht wichtig für mich.

Im Zeitraum des Übergangs vom Mädchen zur jungen Frau bekam ich dann doch, wider Erwarten, „meine Tage". Da ich glaubte, dass dies nicht möglich wäre, verbrachte ich einige unruhige Tage mit der Angst, dass ich innerlich verbluten würde. Mit meiner Mutter wollte ich nicht gleich darüber sprechen, um sie nicht zu beunruhigen, und in ein Krankenhaus wollte ich auch nicht wieder. Doch irgendwann fasste ich all meinen Mut zusammen und sprach mit meiner Mutter. Sie vereinbarte daraufhin einen Termin beim Frauenarzt. Nach der Untersuchung meinte dieser, dass ich zwar meine Periode bekommen hätte, doch keine

Kinder auf die Welt bringen könnte. Also lebte ich weiter mit dieser Überzeugung. Erst im Alter von 21 Jahren, ich war gerade frisch verheiratet, sprach mein Hausarzt dieses Thema wieder an. Er fragte mich, ob ich mir keine Kinder wünschte. Ich antwortete ihm, dass sich mir diese Frage nicht stelle, da es aus körperlichen Gründen unmöglich sei. Das ließ er so nicht stehen und bat mich, eine Ultraschalluntersuchung machen zu dürfen. Ich stimmte zu. Die Untersuchung ergab, dass es aus seiner Sicht sehr wohl möglich sei. Es sei alles da, was dazu notwendig ist. Er schlug einen Termin in einer Uniklinik vor, um wirkliche Gewissheit zu erhalten.

Die Untersuchung in der Frauenklinik bestätigte seine Aussage. Die dortigen Ärzte teilten mir mit, dass es zwar theoretisch möglich wäre, Kinder zu bekommen, gleichzeitig rieten sie dringend davon ab. Da die Haut auf der Vorderseite meines Beckens sehr dünn war und hauptsächlich aus Narbengewebe bestand, gingen sie davon aus, dass die Bauchdecke bei starker Dehnung von innen reißen würde. Dies würde ich, aus ihrer Sicht, nicht überleben. Auch konnten sie nicht feststellen, ob durch die vielen Voroperationen eventuell Verwachsungen im Innern vorlagen. Das schien sie sehr zu verunsichern.

Ich fragte, ob es vergleichbare Erfahrungswerte gäbe. Nein, die gab es bis dahin nicht. Ich bedankte mich und fuhr nach Hause.

Mein Entschluss stand fest: Ich würde es probieren und mich erst wieder in der Frauenklinik melden, wenn sie mir nicht mehr raten könnten, das Kind abtreiben zu lassen. Also frühestens im vierten Monat. Mir war bewusst, dass das Kind mit hoher Wahrscheinlichkeit durch einen Kaiserschnitt auf die Welt kommen würde – und dazu brauchte ich richtig gute Ärzte.

Unvollendete Schwangerschaft (1989)

Die erste Schwangerschaft erfolgte sehr schnell. Dieses Wesen verlor ich in der 11. Schwangerschaftswoche.

Samantha (1990)

Drei Monate später war ich erneut schwanger. Die Schwangerschaft verlief problemlos und wahrscheinlich wie die vieler Frauen. Alle zwei Wochen ging ich zum Ultraschall, da die Schwangerschaft als Risikoschwangerschaft eingestuft worden war. Im vierten Monat begab ich mich zur Vorstellung wieder in die Frauenklinik. Begeisterung ist etwas anderes, doch jetzt mussten sie eine Lösung finden. Ich wurde einem Professor zugeteilt, der sich mit mir zusammensetzte und die Schwangerschaft plante. Er bestand darauf, dass ich spätestens ab der 30. Schwangerschaftswoche in die Klinik kommen sollte, damit sie mich und das Kind unter Beobachtung hätten. Damit konnte ich leben und stimmte zu.

Ab der 30. Schwangerschaftswoche hielt ich mich also in der Klinik auf. Ich bekam ein Einzelzimmer und wurde rundum gut versorgt. Der Professor kam selbst an seinen freien Tagen, um nach mir und dem Kind zu schauen. In der 35. Schwangerschaftswoche zeigte der Wehenschreiber leichte Wehen an. Das Ärzteteam wollte kein unnötiges Risiko eingehen und reservierte für den nächsten Tag einen Termin im OP, um den Kaiserschnitt durchzuführen. Der Professor fragte mich um Erlaubnis, die Geburt mit Bildern zu dokumentieren. Gerne würde er diese in medizinischen Fachzeitschriften publizieren. Ich stimmte zu.

Am nächsten Tag wurde ich für den OP vorbereitet. Beruhigungsmittel lehnte ich ab, sodass ich auch im OP die Vorbereitungen gut verfolgen konnte. Es war ein Ärzteteam für die Operation anwesend sowie andere Ärzte, die einfach dabei sein wollten. Ein Team von Kinderärzten stand bereit, um mein Kind in Empfang nehmen zu können und in die Kinderklinik zu transportieren.

Um 15.36 Uhr erblickte meine Tochter Samantha das Licht der Welt, während ich schlief.

Als ich erwachte, erhielt ich ein Foto meiner Tochter und die Mitteilung, dass alles ohne die erwarteten Komplikationen verlaufen war. Meiner Tochter ginge es gut. Sie musste auch nicht in den Brutkasten.

Am zweiten Tag nach der Operation bestand ich darauf, dass mich eine Krankenschwester in die Kinderklinik begleitete. Mittlerweile war dem Klinikpersonal wohl klar geworden, dass es wenig Sinn machte, mich von etwas abbringen zu wollen, was ich unbedingt wollte. So fuhren wir in die Kinderklinik. Diesen Moment werde ich, solange mein Gehirn noch funktioniert, nicht vergessen: Ich stand vor einem Glasfenster, hinter dem sechs Wärmebettchen standen, in denen Neugeborene lagen. Ich stand da und hatte nicht den Hauch einer Ahnung, welches Kind davon zu mir gehörte. Nach einiger Zeit kam ein Arzt und brachte mich zu Wärmebettchen Nr. 1. Dort lag ein zierliches, winzig kleines Mädchen mit einer kupferfarbenen Haarpracht. Ich durfte sie in die Arme nehmen und von da an war klar, dass wir zusammengehörten.

Nach weiteren zwei Wochen in der Frauenklinik bezog ich ein Elternzimmer in der Kinderklinik. Dort blieben wir noch knapp drei Wochen, bis Samantha das Gewicht von knapp 2500 Gramm erreicht hatte.

Unvollendete Schwangerschaft (1991)

Kurz nach der Trennung von meinem ersten Ehemann war ich erneut schwanger. Zu dem Zeitpunkt war noch nicht klar, ob mir das Sorgerecht für meine Tochter Samantha zugesprochen werden würde. Es hätte sein können, dass das Gericht entscheidet, dass ich aufgrund der Behinderung nicht in der Lage wäre, Samantha angemessen zu versorgen und zu begleiten. Weder mein Rechtsanwalt noch die Dame vom Jugendamt konnten mir zusichern, dass ich das Sorgerecht erhalten würde. Ich entschied mich deshalb, dieses Kind nicht auf die Welt zu bringen. Es wurde eine medizinische und soziale Indikation seitens der Beratungsstelle anerkannt und ich begab mich für zwei Tage ins Krankenhaus.

Erst 2005, nach einer Familienaufstellung, gelang es mir, offen mit dem Thema umzugehen. Bis dahin hatte ich diese Erfahrung verdrängt.

Dieses Gedicht entstand am Tag nach der Familienaufstellung. Dazu habe ich einen Stammbaum gezeichnet, in dem auch dieses ungeborene Wesen seinen Platz einnahm.

Aus Scham verschwiegen,
15 Jahre lang getrieben
von Schuld, mit Verachtung beladen.
Den Schmerz niemals ertragen.

Mein geliebtes Kind,
unsichtbar, wie der Wind
warst du stets präsent
und doch von mir getrennt.

Ich heiße dich willkommen, lasse dich ein,
wirst eingebettet in deiner Familie sein.
Schenke dir den Platz, der dir gebührt.
Mit Achtung bedacht, mit Liebe berührt.

Eine Entscheidung getroffen aus Scham
und die Erkenntnis

– ich habe es aus Liebe getan.

Silke Naun-Bates

Pascal (1994)

Als ich drei Jahre später erneut ein Kind erwartete, verlief die Schwangerschaft ähnlich wie bei meiner Tochter Samantha. Ab der 30. Schwangerschaftswoche hielt ich mich wieder in der Frauenklinik auf. Der einzige Unterschied war, dass ich dieses Mal kein Einzelzimmer hatte und wir von einem Oberarzt begleitete wurden.

Aus der vorherigen Erfahrung gelernt, wirkten dieses Mal selbst die Ärzte etwas entspannter. Wie Samantha erblickte auch Pascal in der 35. Schwangerschaftswoche das Licht der Welt und wurde direkt im Anschluss in die Kinderklinik verlegt. Dort verbrachte

Pascal knapp drei Wochen. Am Tag der Abschlussuntersuchung wurden bei Pascal zwei kleine Löcher in der Herzscheidewand diagnostiziert. Bis zum fünften Lebensjahr hatte sich eines wieder geschlossen. Mit dem zweiten lebt Pascal bis heute ohne Auswirkungen.

Alltag mit Kleinkindern

Für die alltäglichen Dinge wie das Baden von Samantha und Pascal, Windeln wechseln, in die Wiege legen usw. überlegte ich mir Lösungen. Da ich sie nicht tragen und mich zeitgleich fortbewegen konnte, haben wir eine Liegewippe gekauft, die ich durch die Wohnung ziehen konnte. Gebadet habe ich sie in einer Babybadewanne, die auf dem Boden stand, auch das Windelnwechseln erfolgte auf einer Unterlage am Boden. Ich legte mir ein Babytragetuch zu, doch das klappte nicht so gut. Bis beide lernten, selbstständig zu sitzen und zu laufen, konnte ich die Wohnung mit ihnen nur in Begleitung verlassen. Ab dem Zeitpunkt, als sie beides konnten, wurde es einfacher, da saßen sie vorne auf meinem Rollstuhl oder liefen nebenher.

Beide lernten, dass sie auf den Zuruf des Wortes „Stopp!" sofort stehen blieben. Sie bewegten sich selten weit von mir weg.

Mit Samantha erlebte ich drei Schlüsselsituationen, in denen ich anders reagieren musste, als ich es vielleicht getan hätte, wenn mein Körper noch alle Gliedmaßen gehabt hätte:

Das eine Mal, Samantha war gerade etwas über ein Jahr alt, wollten wir die Straße an der Fußgängerampel einer viel befahrenen Kreuzung überqueren. Doch Samantha setzte sich mitten auf die Straße und war nicht zu bewegen aufzustehen. Ich überlegte kurz, was ich tun könnte. Klar, ich könnte aus meinem Rollstuhl aussteigen und sie hineinheben, doch dann würde ich auf der Straße sitzen. Sie vom Rollstuhl aus hochheben ging auch nicht, denn dabei wäre ich herausgefallen und wir wären beide dagelegen. Mittlerweile sprang die Ampel für die Autofahrer auf Grün und ich entschied mich, Samantha dort sitzen zu lassen. Mein Herz klopfte wie verrückt und ich hoffte inständig, dass alle Auto- und Lkw-Fahrer mitbekommen hatten, dass mitten auf der Straße ein kleines Mädchen sitzt. Samantha fing an zu weinen, doch aufstehen wollte sie immer noch nicht. Ein Lkw-Fahrer stieg aus seinem Fahrerhaus, hob Samantha, die ihren Körper auch nicht einen Millimeter bewegte, hoch, trug sie auf den Bürgersteig und setzte sie dort ab. Ich schimpfte nicht und bat sie auch nicht, so etwas nie wieder zu tun. Ich fragte sie einfach, ob wir jetzt weitergehen könnten. Sie stand auf und setzte sich vorne auf den Rollstuhl.

Die zweite Schlüsselsituation ergab sich gut ein Jahr später. Samantha und ich lebten alleine in einer Wohnung im 2. Stock. Wir kamen vom Einkaufen und auf dem Weg nach oben wollte Samantha nicht mehr weitergehen. Ich blieb ruhig und ging die Treppen einfach weiter hoch, wohl wissend, was geschehen würde, sobald ich aus ihrem Blickfeld verschwand: Sie würde weinen, erst leise, dann lauter und lauter und der ein oder andere Nachbar würde sich dadurch gestört fühlen. So war es dann auch. Samantha blieb eine gute Stunde weinend im Treppenhaus, meine Nachbarin wollte sie trösten und hochtragen, doch ich bat sie, dies nicht zu tun. Irgendwann war der Spuk vorbei und Samantha kam von selbst nach oben.

Das dritte Mal, Samantha war inzwischen fünf Jahre alt, wollte sie nicht ins Bett. Mittlerweile war sie um einiges größer als ich. Mein damaliger Partner saß auf der Couch und fragte, ob er sie in ihr Zimmer tragen solle, doch ich sagte: „Nein." Mir war klar, dass es hier nicht um „ins Bett gehen" ging. Wenn Samantha gemerkt hätte, dass ich es alleine nicht schaffe, hätten wir wahrscheinlich wiederkehrende „Zwergenaufstände" erlebt. Da sie auf dem Wohnzimmerboden saß und sich weigerte aufzustehen, nahm ich ihren Fuß und zog sie in ihr Zimmer. Vielleicht kannst du dir vorstellen, wie sie sich währenddessen aufführte …

Mit Pascal kann ich mich an solche oder ähnliche Situationen nicht erinnern. Er war und ist von wesentlich ruhigerer Art als Samantha.

Kindergarten

Im Kindergarten wurde beiden bewusster, dass ihre Mutter „anders" aussah als andere Mütter. Wenn ich sie in den Kindergarten brachte, fand sich zügig eine Traube von Kindern um meinen Rollstuhl zusammen. Kinder sind von Natur aus neugierig und so prasselte eine Vielzahl an Fragen auf mich und meine Kinder ein. Meine Tochter reagierte darauf nach einer Weile mit Nichtbeachtung, Pascal zeigte sich geduldiger und beantwortete die Fragen. Wenn sie ihre Familie malen sollten, malten beide meinen Körper stets so, als ob er schwebte, sodass ich größer als sie war.

Für ihre Freunde war mein Anblick bald genauso selbstverständlich wie für meine Kinder. Die meisten fanden es „cool", wie ich mich bewegte und Auto fuhr.

Schule – oder der ganz normale Wahnsinn

Samantha wurde im Alter von sechs Jahren eingeschult. Von Beginn an lief es anders, als ich es mir vorgestellt hatte. Die Rückmeldungen aus der Schule ergaben stets, dass Samantha sich unkonzentriert und wenig motiviert zeigte. Dies schlug sich in den Noten nieder. Bis zur dritten Klasse glaubte ich alles, was mir die Lehrer zurückmeldeten, und ich tat mein Bestes, um Samanthas Verhalten so zu ändern, dass es den Lehrer passte und die Noten sich bessern würden. Es hat zu nichts geführt, außer dass Samantha Angst bekam, mir ihre Noten oder Mitteilungen zu zeigen, und unser Familienleben sich nur noch um Schule und Noten drehte. Es war anstrengend und wenig förderlich.

Im Verlauf der dritten Klasse traf ich die Entscheidung, dass Samantha Unterstützung brauchte und ich eine Erklärung. Ich vereinbarte einen Termin mit dem Schulpsychologen. Er hörte mir zu, schickte Samantha aus dem Raum und sprach mit mir. Dann stellte er mir eine Frage: „Was macht den Unterschied? Ob Sie über eine Note ärgerlich und wütend werden oder lachen – die Note bleibt dieselbe." Für mich stellte sich diese Frage als Schlüsselfrage heraus. Samantha durchlief noch einen Test, um zu klären, ob Dyskalkulie oder Legasthenie vorlägen, doch dem war nicht so. Der Test zeigte lediglich geringe Konzentrationslücken. Beim Auswertungsgespräch teilte mir der Schulpsychologe mit, dass Samantha, beruhend auf ihren kognitiven Fähigkeiten, mit Leichtigkeit das Abitur erreichen könne.

Jetzt hatte ich noch mehr Fragezeichen in mir. Ich hatte keine Erklärung oder Diagnose bekommen, die es mir vereinfacht hätte, zu entspannen und zu sagen: „Mein Kind hat das und das ... und deswegen ..." Nein, das wäre ja zu einfach gewesen.

Ich fing an, mich und mein Verhalten zu hinterfragen: Wieso waren mir Noten so wichtig? Waren sie mir wirklich wichtig? Was versuchte ich mit einer guten Schullaufbahn für Samantha zu erreichen? Wovor hatte ich Angst?

Am Ende dieser Selbstbefragung kam ich zu dem Schluss, dass ich mir wünschte, dass Samantha glücklich wird. Und aus irgendeinem unerfindlichen Grund war ich wohl der Auffassung, dass dazu ein guter Schulabschluss gehörte. Diese Überzeugung warf ich über Bord, da sie weder Samantha noch mir guttat. Ich begann, mich mit alternativen Schulformen auseinanderzusetzen: Summerhill, Sudbury und Montessori.

An unserem Wohnort hatte gerade eine Montessorigrundschule ihre Pforten geöffnet und ich nahm Kontakt auf. Für Samantha konnte ein Wechsel jedoch nicht mehr realisiert werden, da sie bereits in der dritten Klasse war. Also gingen wir den Regelschulweg gemeinsam weiter. Ihre Noten blieben, wie sie waren, und so besuchte Samantha die Hauptschule. Aufgrund der Veränderung meiner Sichtweise und meinem einfachen und schnörkellosen Wunsch, dass Samantha ein glückliches Leben lebt, hatten es die meisten Lehrer nicht mehr so einfach mit uns. Samantha hatte wieder Vertrauen zu mir gefasst und verlor ihre Angst vor Noten oder Mitteilungen aus der Schule.

Als Samantha in der siebten Klasse angekommen war, eröffnete mir eine gute Bekannte die Möglichkeit für Samantha, einige Monate auf Teneriffa zu leben. Ich fragte meine Tochter, ob sie das möchte – und sie sagte ja. Jetzt musste ich nur noch eine Schulbefreiung herzaubern. Ich vereinbarte einen Termin mit dem Schuldirektor, erzählte ihm eine Story, dass Samantha eine Privatschule besuchen würde, und er stimmte zu. Wahrscheinlich war er froh, uns ein paar Monate nicht mehr begegnen zu müssen. Einzige Bedingung: Samantha musste die siebte Klasse wiederholen, da sie zu viel Unterrichtsstoff verpasste und die Noten insgesamt stets gerade nur so zur Versetzung gereicht hatten.

Samantha flog mit ihren 12 Jahren alleine nach Teneriffa und blieb dort knapp vier Monate. Sie lernte Tai Chi, nahm Spanisch- und Englischunterricht und lernte, dass andere Familien andere Werte haben.

Als Samantha wieder zu Hause war, besuchte sie erneut die siebte Klasse und hatte somit auch einen Lehrerwechsel. Ich kann mich noch gut an unser erstes Elterngespräch erinnern. Der Lehrer holte sein rotes Notenbuch hervor und wollte mir Samanthas Noten mitteilen. Ich sagte ihm, dass dies nicht notwendig sei. Er fragte irritiert: „Wie, die Noten interessieren Sie nicht?" Es war eine lustige Situation. Daraufhin unterhielten wir uns noch eineinhalb Stunden und er erzählte mir vom Buch „Momo" und seinen Deutungen.

Die nächsten Jahre verliefen wie gehabt. Samantha hatte keine Angst und somit waren den meisten Lehrern die Handlungsmöglichkeiten genommen. Ich ging zu Elternabenden, Elternsprechtagen und ließ mich in den Elternbeirat wählen. Nach Beendigung der siebten Klasse wechselte Samantha in ein neues Schulprojekt für Schüler, die sich mit der theoretischen Wissensvermittlung schwertaten. Sie besuchte die Schule noch ein weiteres Jahr und beendete sie ohne Abschluss.

Wir hatten aus der Erfahrung gelernt und deshalb besuchte Pascal in seiner Grundschulzeit eine Montessorischule. Auch hier brachte ich mich, als Vorstandsmitglied, gerne ein. Dies war eine angenehme, wohltuende und entspannende Erfahrung. Keine Noten, keine Hausaufgaben – und dennoch konnten die Lehrkräfte jederzeit den Entwicklungsstand des Kindes darlegen. Als

Eltern waren wir eingebunden in den Schulalltag und hatten bei Schulentwicklungen Mitspracherecht.

Pascal lernte auf seine eigene Art und Weise und in seinem Rhythmus.

An unserem Wohnort gab es nur eine Montessorigrundschule. Als Pascal im dritten Jahrgang ankam, machte ich mich auf, nach weiterführenden alternativen Schulmöglichkeiten zu schauen.

Kurz überlegte ich, ob ich Pascal nach England in die Sumerhill-Schule schicken sollte. Doch ein Blick auf meine finanziellen Möglichkeiten genügte und ich verwarf diese Idee wieder. Ich fand die Sudbury-Schule am Bodensee. Das Konzept der Sudbury-Schule entsprach noch mehr meinen Vorstellungen einer Schule, die zur freien Entfaltung beiträgt. Sudbury-Schulen wirken in Anlehnung an das Konzept der Summerhill-Schule in England. Nachdem ich Kontakt mit der Schule aufgenommen hatte, verbrachten wir zwei Wochen am Bodensee. Samantha und Pascal hospitierten in der Schule, ich verbrachte Zeit mit den Eltern und Schulgründern. Pascal gefiel es. Samantha zeigte sich mit der Freiheit überfordert. Keine Anleitung zu bekommen, der sie folgen konnte, fiel ihr schwer. Obwohl sie sich den Anleitungen in der Regelschule meist widersetzt hatte, brauchte sie sie dennoch.

Nach diesen zwei Wochen trafen wir die Entscheidung, nach Beendigung der vierten Klasse an den Bodensee zu ziehen. Dazu kam es jedoch nicht. Das Schulamt hatte beschlossen, die Sudbury-Schule zu schließen. Das Konzept und der fehlende Lehrplan zeigten sich als andauernder Konflikt zwischen der Schule und dem Schulamt.

Als weitere Alternative schaute wir uns Waldorfschulen an. Einiges gefiel mir gut, anderes wurde mir zu dogmatisch gehandhabt, sodass ich diese Alternative verwarf.

Gemeinsam mit Pascal entschieden wir uns schweren Herzens, dass er auf die Hauptschule wechselte. Realschule und Gymnasium hätten je eine Prüfung bedeutet, die wir als nicht notwendig erachteten, da ein Übertritt auch nach der fünften Klasse noch möglich war.

Angekommen in der fünften Klasse zeigte Pascal sich des Öfteren irritiert. Er verstand nicht, wieso es plötzlich so wichtig war, ob das Datum rechts oder links oben auf der Seite stand oder warum stets Fehler rot markiert wurden anstatt das, was richtig war. Auch das Sozialverhalten mancher Schüler konnte er nur schwer begreifen. Die fünfte und sechste Klasse waren für ihn sicher die schwersten seines Schullebens. Ab der siebten Klasse übernahm ein neuer Klassenlehrer die Klasse mit einem Schulprojekt in

Form einer Ganztagesklasse. Dort fühlte sich Pascal sehr wohl, lernte leicht und fand seine Freude an Schule wieder. Er schloss die Schule mit einem qualifizierten Abschluss ab. Noch heute besucht Pascal seinen damaligen Klassenlehrer und die Schule.

Berufswahl und Ausbildung

Nach Beendigung ihrer virtuosen Schullaufbahn hatte Samantha zunächst einmal die Nase gestrichen voll vom Lernen in dieser Form. Sie entschied sich, das Angebot einer Bekannten anzunehmen, bei ihr auf dem Pferdehof ein Langzeitpraktikum zu absolvieren. Dies verlangte, dass sie dort auch wohnte und nur an ihren freien Tagen nach Hause kam. Auf diesem Pferdehof wurden auch Kurse zu den Themen „Telepathie mit Tieren", „Feldenkrais", „Freizeit für Kinder" und schamanische Abende angeboten. Samantha unterstützte bei der Vorbereitung und Organisation, versorgte die Pferde, Hunde und Katzen, reparierte Zäune, reinigte Zimmer, kochte und wusch Wäsche. Als die Inhaberin des Hofes für ein halbes Jahr nach Australien ging, übernahm Samantha einen Großteil ihrer Aufgaben.

Nach dieser Zeit suchte Samantha sich einen Job auf geringfügiger Basis. Ich werde niemals ihre erste selbstständig geschriebene

Bewerbung vergessen: Ihr Anschreiben blühte vor Farbenfröhlichkeit. Als ich sie nach dem Grund fragte, meinte sie, dass die Arbeitgeber wahrscheinlich viele langweilige Bewerbungen bekämen, sie wollte sie ein wenig fröhlich stimmen. Sie fand einen Job im Verkauf und arbeitete dort gut ein Jahr. Dann wechselte sie in den Cateringbereich.

Mit knapp 20 Jahren teilte sie mir dann mit, dass es wohl doch sinnvoll wäre, eine Ausbildung zu absolvieren, doch sie hatte Bedenken wegen der Schule, da sie ja viel Stoff verpasst hatte. Wir ließen uns einen Termin bei der Berufsberatung geben. Die Dame teilte uns mit, dass Samantha nicht ausbildungsreif sei. Blöder Fehler! Ich teilte ihr mit, dass sie das wohl nicht beurteilen könnte, und forderte die Erstellung einer Einschätzung an. Samantha erhielt daraufhin eine Einladung zu einem Test. Das Testergebnis zeigte Lücken im mathematischen Bereich – das war jedoch alles und es war auch nicht verwunderlich. Nach diesem Ergebnis erhielt Samantha das Angebot, eine Ausbildung zu absolvieren, bei der sie im ersten Ausbildungsjahr schulische Unterstützung bekäme. Der Weg war frei. Samantha nahm Kontakt zu ihrem Chef aus der ersten geringfügigen Beschäftigung auf und erhielt den Ausbildungsplatz. Ein knappes Jahr nach ihrer Ausbildung, die sie mit der Mittleren Reife abschloss, wurde ihr ein Angebot als Führungskraft angeboten. Dieses hat sie angenommen.

Pascal tat sich in diesem Bereich insgesamt leichter. Er kam auf mich zu und bat mich, Bewerbungen mit ihm zu schreiben. Ich war überrascht, weil er im Vorfeld signalisiert hatte, dass er eine Ausbildung zum Erzieher absolvieren möchte. Er hatte es sich anders überlegt, da er lieber jetzt schon Geld verdienen wollte. Drei Berufe hatte er für sich ausgewählt. Wir schrieben Bewerbungen. Pascal erhielt mehrere Einladungen zu Vorstellungsgesprächen und entschied sich nach zwei Praxistagen für eine Ausbildung zum Hotelfachmann in einem familiengeführten Hotel. Im Laufe seiner Ausbildung spielte er zwei-, dreimal mit dem Gedanken, doch noch in die Erzieherausbildung zu wechseln. Grund dafür war stets ein Konflikt mit seinem Chef. Die Tätigkeiten an sich bereiteten ihm sehr viel Freude und mit den Arbeitszeiten konnte er gut umgehen. Pascal schloss die Ausbildung ab und erhielt seinen ersten Arbeitsvertrag in seinem Ausbildungsunternehmen.

Samantha ist mittlerweile mit ihrem Freund zusammengezogen und Pascal hat seinen Arbeitsplatz gewechselt, befindet sich jedoch weiterhin im Aufbruch zu neuen beruflichen Erfahrungen.

Und ich – ich gedulde mich in freudiger Erwartung auf Enkelkinder. So, jetzt ist es schriftlich festgehalten – zur steten Erinnerung, ihr zwei …

Entwicklung und Wachstum

Eure Kinder sind nicht eure Kinder.
Sie sind die Söhne und Töchter der Sehnsucht des Lebens
nach sich selber.
Sie kommen durch euch, aber nicht von euch. Und obwohl sie
mit euch sind, gehören sie euch doch nicht.
Ihr dürft ihnen eure Liebe geben, aber nicht eure Gedanken,
denn sie haben ihre eigenen Gedanken.
Ihr dürft ihren Körpern ein Haus geben, aber nicht ihren
Seelen, denn ihre Seelen wohnen im Haus der Zukunft,
das ihr nicht besuchen könnt,
nicht einmal in euren Träumen.
Ihr dürft euch bemühen, wie sie zu sein, aber versucht nicht,
sie euch ähnlich zu machen. Denn das Leben läuft
nicht rückwärts, noch verweilt es im Gestern.
Ihr seid die Bogen, von denen eure Kinder als lebende Pfeile
ausgeschickt werden. Der Schütze sieht das Ziel auf dem Pfad
der Unendlichkeit, und er spannt euch mit seiner Macht,
damit seine Pfeile schnell und weit fliegen.
Lasst euren Bogen von der Hand des Schützen auf Freude
gerichtet sein. Denn so wie er den Pfeil liebt, der fliegt,
so liebt er auch den Bogen, der fest ist.

Khalil Gibran „Der Prophet"

Dass es meinen Kindern und mir gelang, eine auf Freude, Freiheit und Wachstum ausgerichtete Beziehung zu führen, bedurfte unser aller Bereitschaft, uns neu zu entdecken und aufeinander einzulassen.

Für mich bedeutete es, mein bisheriges Konzept von Erziehung und Muttersein über Bord zu werfen, neu zu definieren und mich stets wieder daran zu erinnern und danach zu handeln – entgegen allen Ratschlägen, Aufforderungen, Vorwürfen und meinen wiederkehrenden Zweifeln.

Ich hatte mir selbst ein Versprechen gegeben: meine Kinder auf ihrem Weg zu begleiten. Auf ihrem – nicht auf meinem oder den vorgefertigten Wegen anderer Menschen, außer es ist ihre eigene Wahl. Sie werden von mir keine gut gemeinten RatSCHLÄGE bekommen. Wenn sie mich fragen, bekommen sie als Antwort Fragen.

In jedem Moment, zu jeder Zeit werde ich da sein, wenn sie mich rufen. Wertfrei, bedingungslos und umfangend.

Ich werde meine Flügel der Liebe und Geborgenheit ausbreiten, sie eine Weile ruhen lassen und mit sanfter Bestimmtheit wieder auf ihren Weg entsenden.

Voller Vertrauen, dass sie die Spuren, die das Leben für sie legt, erkennen.

Beide lehrten mich, dass es möglich ist, frei von Bedingungen zu lieben. Was bedeutete, dass wir uns nach wie vor immer wieder einmal stritten, verschiedener Meinung waren, unterschiedliche Bedürfnisse und Werte hatten. Und dies durfte sein. Der Unterschied war einfach, dass wir dies nicht mehr als Abwertung unserer selbst interpretierten, sondern als Ausdruck unserer momentanen Realität.

So entstand Raum für offene, wahrhaftige Kommunikation, Freude, Wachstum und Freiheit.

Übrig blieb die Frage, wieso mir das in Beziehung mit einem Partner nicht gelang.

IM BRENNGLAS DER LIEBE
EMOTIONALE FREIHEIT

Du denkst, du kannst die Liebe lenken,
doch die Liebe lenkt stets dich.

Beziehungen

Das erste Mal verliebt hatte ich mich im Alter von zwölf Jahren. Es war eine noch sehr kindliche Verliebtheit. Das zweite Mal war ich dann dreizehn Jahre jung. Er war etwas älter als ich, spielte Handball und ich tauchte an den Heimspielen zum Trikottausch auf. Wir waren einige Wochen zusammen. Mit knapp fünfzehn lernte ich dann meine erste große Liebe kennen. Wir waren knapp ein Jahr zusammen, verbrachten fast jeden Tag miteinander, hatten Spaß, waren eifersüchtig, stritten und versöhnten uns wieder. Es waren die Rebellenjahre und so gestaltete sich auch unsere junge Beziehung. Kurz bevor ich mit meiner Mutter und meiner Schwester nach Bayern zog, trennten wir uns. So weit ich mich erinnere, hatte er sich in ein anderes Mädchen verliebt – bin mir aber nicht mehr ganz sicher.

Im Alter von 20 Jahren verliebte ich mich in einen Mann aus dem Land der unbegrenzten Möglichkeiten. Er war Soldat in der US Army und ein Rebell. Army und Rebellen passen nicht zusammen und so wurde er unehrenhaft entlassen und musste zurück in die USA. Er versprach mir, dass er zurückkommen würde, doch so ganz glaubte ich ihm das nicht. Drei lange Wochen telefonierten wir täglich, sodass unsere Telefonrechnungen in die Höhe schnellten. Dann war er wieder da. Er reiste mit einem Touristenvisum ein und wir beantragten die Aufenthaltsgenehmigung. Um diese zu bekommen, heirateten wir.

Wir waren jung, naiv, wild und verrückt. Wir dachten selten an Konsequenzen oder an das Morgen. Wir lebten jetzt. Wir beide wollten uns und unsere Freiheit. Beides ließ sich damals schwer vereinbaren. Nachdem unsere Tochter das Licht der Welt erblickt hatte, lebte mein Mann weiter seine Freiheit und ich wollte Familie. Es kam zu Auseinandersetzungen, in denen wir uns nichts „schenkten". Wir verhielten uns trotzig, wütend, fordernd und waren beide nicht bereit, auch nur einen Schritt aufeinander zu zugehen. Der Anfang vom Ende kam, als auch ich beschloss, wieder meine Freiheit zu leben. Wir vereinbarten Tage, an denen jeder von uns seiner Wege gehen konnte. Es kam, wie es kommen musste: Wir beide flüchteten in eine Beziehung außerhalb der unseren. Das Ende zeigte sich mit einem Paukenschlag. Ich lag mit zugeschwollenen Augen, blauen Flecken und Prellungen am ganzen Körper auf dem Boden. Vor den Augen unserer damals acht Monate jungen Tochter hatte er mit Fäusten und Füßen auf mich eingeschlagen und zugetreten. Körperliche Schmerzen spürte ich keine, doch ich fühlte mich zutiefst gedemütigt. Nach Vollendung seines Werkes nahm er unsere Tochter und verließ die Wohnung mit den Worten, dass ich sie nicht mehr wiedersehen würde. Er würde mit ihr zurück in die USA fliegen. Ich rief die Polizei, doch diese teilte mir mit, dass sie ihn nicht aufhalten könnten, da auch er das Sorgerecht hätte. Ein Auto hatte ich nicht zur Verfügung, meine Mutter wollte mir nicht helfen, meine Schwester erreichte ich nicht.

Es war nur eine Androhung, doch ich durchlebte 24 Stunden geprägt von der Angst, meine Tochter nicht mehr wiederzusehen. Es war die Hölle auf Erden. Am nächsten Tag ging ich zum Rechtsanwalt. Aus einem Gefühl heraus sagte ich ihm, dass ich annehmen würde, dass mein Mann mit meiner Tochter bei meiner Mutter sein könnte. Der Rechtsanwalt rief bei meiner Mutter an und teilte ihr mit, dass mein Mann Samantha bis 14.00 Uhr wieder zu mir zu bringen hätte, ansonsten erhielten sie und mein Mann eine Anzeige, wegen Kindesentziehung. Um 14.00 Uhr erschien mein Mann mit Samantha. Mein Gefühl hatte recht behalten.

Ich hatte bereits die notwendigsten Sachen für mich und Samantha gepackt, rief eine Freundin an und ging. Unsere Tochter nahm ich mit. Einen weiteren Tag später reichte ich die Scheidung ein.

Der Teufel
hat sein Spiel gespielt,
oder haben wir es selbst gewählt?

Das Spiel mit dem Feuer
– es hat uns Spaß gemacht.
Doch schau uns an,
zu was hat es uns gebracht.

Die Freundschaft zerbrochen,
das Vertrauen – erloschen,
der Traum – im Feuer verbrannt.
Zurück blieb die Asche in unserer Hand.

Zu spät,
die Karten neu zu mischen,
dem Rad des Schicksals zu entwischen.

Der Teufel,
er hat sein Spiel gut gespielt.

Doch eines –
das hat er nicht besiegt.
Die Flamme der Hoffnung,
flackernd und manchmal dem Ende nah,
doch im Herzen immer da.

Die Hoffnung – sie bleibt,
denn jedes Ende hält auch
– einen neuen Anfang bereit.

Silke Naun-Bates

Er blieb noch ein weiteres Jahr in Deutschland, besuchte uns ab und zu. Des Öfteren randalierte er im betrunkenen Zustand vor unserer Wohnung, sodass ich die Polizei rief. Einmal erhielt ich einen Anruf aus dem Krankenhaus, dass er versucht hätte, sich das Leben zu nehmen, dass die Dosis jedoch zu gering gewesen war und es ihm so weit gut ginge. Ich fragte, ob ich kommen solle. Der zuständige Arzt sagte: „Nur wenn Sie wieder zu ihm zurückwollen." Das wollte ich nicht.

Ich kann mich an keinen Moment in dieser Beziehung erinnern, in dem ich die Frage nach dem Warum in mir trug. Ich lebte jede Emotion, transportierte sie nach außen, ohne, dass ich nur einen Augenblick reflektierte oder nach irgendeinem Sinn fragte. Es war, wie es war.

Unsere Scheidung wurde in seiner Abwesenheit ausgesprochen. Wir haben uns nicht wiedergesehen. Unserer Tochter erzählte ich den Grund unserer Trennung erst, als sie bereits erwachsen war und sie danach fragte. Sie hatte immer wieder versucht, Kontakt zu ihm aufzunehmen, doch er hatte nicht reagiert. Erst vor drei Jahren fand sie ihn über ein Social-Media-Netzwerk. Seitdem halten sie losen Kontakt.

Im Zuge der Trennung verabschiedete ich mich auch von dem Mann, der mich in dieser wilden und chaotischen Zeit aufgefangen hatte. Doch er gab nicht auf und acht Wochen nach der Trennung von meinem Mann waren wir ein Paar. Dieser Mann las mir jeden Wunsch von den Augen ab. Er umsorgte mich und meine Tochter, als wenn es für ihn nichts Schöneres und Wichtigeres gäbe. Wenn er mehrere Wochen dienstlich unterwegs war, fand ich jeden Tag einen Brief in unserem Briefkasten oder kleine Aufmerksamkeiten.

Und was machte ich? Eine kleine Weile genoss ich das Umsorgt- und Verwöhntwerden. Dann ging ich wieder verstärkt meiner Wege, ohne ihn teilhaben zu lassen, immer auf der Suche nach Vergessen, Freiheit und Abenteuer. An den Wochenenden feierte ich und er umsorgte meine Tochter. Nicht ein einziges Wort des Vorwurfes kam über seine Lippen. Er fragte stets nur, ob und was er falsch gemacht hätte. Nichts. Das war ja das Problem.

Ich brauchte Action, Bewegung, Dramatik, Herausforderungen. Dass meine größte Herausforderung, mich wirklich einzulassen und zu binden, bereits hier vor mir stand, konnte ich damals noch nicht sehen.

Auch er kam aus den USA und als sich seine Zeit hier in Deutschland dem Ende neigte, fragte er mich trotz allem, ob ich mit ihm in die Staaten kommen würde. Er offerierte mir die Erfüllung meines Traumes. Amerika – das, was ich so lange wollte, doch ich sagte nein.

Einige Tage später kam er mit einem Stapel Papiere und teilte mir mit, dass er sich bei einer Sondereinheit bewerben würde, um in Deutschland zu bleiben. Und jetzt stach ich richtig zu. Ohne Emotion teilte ich ihm mit, dass ich das nicht möchte. Ich wollte nicht der Grund sein, dass er bleibt. Das wäre mir zu viel Verantwortung.

Ich hatte einfach Angst. Angst, dass es nicht gut gehen würde und er wegen mir hier in Deutschland sitzen würde. Angst, mich wirklich zu binden. Angst, meine vermeintliche Freiheit aufgeben zu müssen. Ich suchte Liebe und wollte meine Freiheit behalten. Freiheit, die keine war, doch das begriff ich erst einige Jahre später.

Glaube und Vertrauen haben sich zurückgezogen,
haben sich aus dem Staub gemacht.
Kamen nicht mehr an, gegen diese Wogen
dieser ungewollten Macht.

Sie übergaben dem Zweifel ihren Platz,
ohne Widerstand ließen sie los.
Der Zweifel übernahm freudig diesen Schatz,
breitete sich aus – grenzen-los.

Glauben und Vertrauen haben sich zurückgezogen,
weit oben, einen sicheren Platz gesucht.
Sie werden dort in Ruhe wohnen,
bis ich sie wieder in mein Leben ruf.

Silke Naun-Bates

Er bewarb sich nicht und verließ zwei Monate später Deutschland. Auf dem Weg zum Flughafen rief er an und teilte mir mit, dass er sich noch immer sehnlichst wünsche, dass meine Tochter und ich mit ihm gingen. Wenn ich jetzt ja sagen würde, dann würde er uns die Flugtickets schicken. Ich habe es nicht begreifen können und sagte erneut nein.

Acht Jahre lang rief er zwei-, dreimal im Jahr an und stets endete unser Gespräch mit seiner Frage, wann ich endlich bereit wäre, mich auf eine Beziehung mit ihm einzulassen. Im achten Jahr war ich bereit, es herauszufinden. Ich hatte das Flugticket bereits in der Tasche. Doch dann starb meine Freundin und ich flog nicht. Seit einigen Jahren lebt er in einer Beziehung und hat zwei eigene Kinder.

Auf meiner Suche nach Freiheit und der richtigen, wahren Liebe begegnete mir im darauffolgenden Jahr der zukünftige Vater meines Sohnes. Er war der Schwager meiner Freundin, von der ich dir im nächsten Kapitel „Begegnungen mit dem Tod" erzählen werde.

Wir lernten uns kennen, verliebten uns, zogen sechs Monate später zusammen. Fünf Monate danach war ich bereits schwanger. Diese Schwangerschaft war nicht geplant. Ich wollte zwar stets zwei Kinder, doch den Zeitpunkt fand ich etwas ungünstig. Es ist schon spannend, obwohl mir stets prophezeit worden war, dass ich keinem Kind das Leben schenken würde, stellte sich mein Körper als sehr empfangsbereit heraus.

Dieser Mann war von seinem Wesen her eher ruhiger Natur. Es fiel ihm schwer, Gefühle zu zeigen. Auf seine ruhige Art und Weise schenkte er mir den Raum, selbst zur Ruhe zu kommen.

Seine ausgeprägte Hilfsbereitschaft und Fürsorge bezog auch meine Tochter mit ein.

Unsere Beziehung wurde geprägt von Ereignissen im Außen. Im vierten Monat schwanger erreicht uns die Nachricht der Krankheit meiner Schwester. Von diesem Zeitpunkt an drehte sich meine Welt nur noch um die Welt meiner Schwester. Zwischen Krankenhausbesuchen, Chemotherapie, Verzweiflung und Hoffnung brachte ich unseren Sohn auf die Welt.

In den folgenden fünf Jahren folgten sechs Todesfälle. Aus seiner Familie starb seine Mutter und zwei seiner Onkel an den Folgen ihrer Alkoholabhängigkeit. Diese Ereignisse forderten ihren Tribut. Bevor wir uns wirklich als Paar begegnen konnten, hatten wir uns bereits verloren. Unsere Gefühle füreinander hatten sich verändert. Wir lebten wie Bruder und Schwester zusammen. Wir trennten uns im siebten Jahr unserer Beziehung. Die Trennung erfolgte nur auf der Ebene des Paares. Als Eltern waren wir gemeinsam für die Kinder da. Das ist bis heute so geblieben.

Nach dieser Beziehung und dem Verarbeiten dieser vom Tod geprägten Zeit stand für mich fest, dass ich erst wieder eine Beziehung zu einem Mann eingehen würde, wenn ich gelernt hatte, mich selbst mit allen Facetten meines Seins zu lieben, mein „Glücklichsein", die Erfüllung meiner Bedürfnisse und meine Sehnsucht nach Liebe nicht mehr abhängig zu machen von einem Mann. Ich wollte und konnte die Verantwortung für das „Glücklichsein" eines anderen Menschen nicht übernehmen, doch übertrug ich meinen Partnern und anderen Menschen die Verantwortung dafür, wie es mir geht, wie ich mich fühle, für mein Glück. Das konnte nicht funktionieren.

Das Leben folgt seinen eigenen Regeln und Gesetzen und so lernte ich, Verantwortung für mich, meine Gedanken und Gefühle zu übernehmen und Freiheit in einer tiefen Bindung zu finden, durch und mit – ja, einem Mann.

Männer spielen in meinem Leben eine wirklich wesentliche Rolle. Und das mit einem Körper, dem zwei Teile fehlen und dessen Unterleib sicher nicht im hergebrachten Sinne als schön zu bezeichnen wäre. Das erwähne ich nur so zwischendrin – als kleine Erinnerung für diejenigen unter euch, die glauben, dass sie aufgrund ihrer Körperlichkeit keinen Partner finden.

Er trat in mein Leben, ohne Warnung und ohne einen Hauch von Ahnung. Eine Begegnung, ein Kuss – keine Fragen, keine Antworten. Einfach nur lieben, mit jeder Faser meines Seins. Jeden Moment auskostend. Jedes Gefühl erlebend und feiernd. Leidenschaftlich, fordernd, wütend, enttäuscht, berauscht, sehnsuchtsvoll und letztendlich frei.

Ich gab mich dieser Gefühlsvielfalt hin, ich probierte aus, ich spielte. Er schenkte mir den Raum, dies zu tun. Sehr gerne erinnere ich mich an die Momente, in denen mitten in einem Streit Lachen Einzug hielt. An die Sehnsucht, die ich spürte, wenn er nicht in der Nähe und doch so nah war. Ich genoss jedes Gefühl, das sich zeigte. Und es waren nicht nur die, die wir gemeinhin als angenehme Gefühle bezeichnen. Es waren fünf Jahre mit Unterbrechungen, die entstanden sind, weil unser Denken der Auffassung war, dass wir das besser beenden. Weil es manches Mal richtig wehgetan hat, weil es nicht der gängigen Moral entsprach, weil gesagt wurde, lass die Finger weg, das tut dir nicht gut. Diese Unterbrechungen fanden auf der äußeren Ebene statt, doch hatten sie keinen Bestand. Es endete nach fünf Jahren auf ganz natürliche Art und Weise. Es war vollendet.

„Ich schaff das nicht"
wählst du zu sagen,
ohne je den Versuch zu wagen.

Aus Angst vor Veränderung
bleibst du lieber stecken,
anstatt dich zur Freiheit hin zu strecken.

Bleibst liegen im Sumpf der Abhängigkeit
verweigerst jede Chance auf Leichtigkeit.

Du sagst; „Ich trage Verantwortung",
trägst sie als Ausrede vor dir her,
„Liebe mich – aber bitte ohne Gewähr".

Stiehlst dir unehrlich glückliche Zeiten,
die dir hinterher großen Schmerz bereiten.

„Ich bin nicht stark genug",
wagst du auszusprechen,
obwohl du weißt, du wirst daran zerbrechen.

Zerbrechen an dieser Lüge,
„Ich bin nicht stark genug"
– denn das ist dein größter Selbstbetrug.

Silke Naun-Bates

Nach dieser intensiven Begegnung und Zeit gab es für mich keine Gefühle mehr, die ich heute als unangenehm bezeichnen würde. Durch Gefühle drückt sich für mich Lebendigkeit aus. Wer sind wir, wenn wir nicht fühlen? Wir sind tot, bevor unser Körper tatsächlich stirbt.

Ich bin dankbar für jedes Gefühl, das sich in mir zeigt. Ich lebe. Wie schön ist das denn!

Gefühle bekommen erst durch unser Denken einen unangenehmen Touch, den wir bis zum Leid steigern können, wenn wir das möchten. Es gibt Menschen, die genießen so offensichtlich ihr Leiden, doch geben sie es selten zu.

Auch körperliche Schmerzen sind einfach Schmerzen. Sie tun weh. Doch Schmerz ist nicht Leid. Leid entsteht, wenn wir unser Denken davongaloppieren lassen wie ein wild gewordenes Pferd. Da die Mehrheit der Menschen ihr Leben auf der Ebene des Gedankenbereichs, dessen, was ihnen bewusst ist, oder auf der Suche nach verborgenen Erklärungen verbringen, scheint Leid unvermeidbar.

Doch wer einmal den Raum außerhalb des Bereiches der Gedanken betreten und sein Denken durchschaut hat, leidet nicht mehr. Wenn Beobachter und das Beobachtete eins werden, entsteht Hingabe. Aus diesem Grund genießen wir Menschen oft die Sexualität. Die Verschmelzung mit dem Moment, kein Denken, nur Spüren – Hingabe.

Seit acht Jahren lebe ich in einer Beziehung, die von Liebe, Freiheit und einer guten Portion Humor getragen wird. Das bedeutet, wir dürfen sein, wie wir sind. Pur und unverfälscht. Wir brauchen uns nicht, doch wir wollen uns. Wir sind nicht verantwortlich für unser gegenseitiges Glück, doch wir freuen uns, wenn wir miteinander noch glücklicher sind. Bei Meinungsverschiedenheiten stellen wir nicht unsere gesamte Beziehung oder uns als Menschen in Frage. Es muss auch nicht alles besprochen, geklärt oder gelöst werden. Es ist weder meine Aufgabe, seine Bedürfnisse zu erfüllen, noch ist es seine Aufgabe, meine Bedürfnisse zu erfüllen. Es ist aus meiner Sicht auch vermessen, davon auszugehen, dass ein einzelner Mensch für die Bedürfnisbefriedigung eines anderen Menschen zuständig ist, nur weil die Wahl getroffen wurde, eine Beziehung miteinander zu leben, geschweige denn, dass ein Mensch die stete Bereitschaft in sich trägt, dies zu tun.

Es war ein Weg, dies heute so zu leben. Zu Beginn gab es Konflikte, Eifersucht, Missverständnisse und Momente des starken Zweifelns. Hätte ich meinem Denken Glauben geschenkt, wären wir heute nicht mehr zusammen. Doch ich habe gewählt, der Liebe zu folgen, nicht meinem Denken und nicht dem Denken und den Vorgaben anderer Menschen.

Ich schaue auf die Seiten meines Lebens.
Dankbarkeit lässt mich erbeben.
Eingetaucht in warmes Licht,
eine neu erlebte Sicht.

Ich schaue nach vorn,
fühle mich wie neu geboren.

*Liebe und Freiheit werden meine Begleiter sein,
werden mich führen und tragen im Sein.*

*Schreibe jetzt Zeile für Zeile
in meinem Rhythmus, ohne Eile.
Schreibe Seiten in goldener Schrift,
eingetaucht in wärmendes Licht.*

Silke Naun-Bates

Alles ist Liebe.

In diese drei Worte hätte ich das gesamte Kapitel zusammenfassen können. Reichen sie aus, um zu erfassen, was ich ausdrücken möchte? Nein. Als mich 2002 die Worte „Alles ist Liebe" das erste Mal erreichten, war es für mich einfach ein Konzept. Ich ließ meinen Verstand mit diesen Worten spielen, ließ ihn beleuchten, argumentieren und kritisieren.

Für mich ist der einfachste Weg herauszufinden, ob etwas für mich stimmig und angemessen ist, es auszuprobieren. Nur, wie probiere ich „Alles ist Liebe" aus? Sicher kann ich mein Denken beauftragen, diesen Satz immer wieder zu denken, doch die mentale Ebene reichte mir nicht. Ich wollte es erfahren, erleben, wirklich begreifen. Mein Wesen, jede Zelle, jedes Molekül sollte diese Worte aufnehmen, wirken lassen und sich in tiefes inneres Wissen wandeln. Wie setzte ich das um? Indem ich mich wirklich einließ und meine Interpretationen, Erwartungen, Vorstellungen und Ideen beiseitestellte. Eine Neuentdeckung der Menschen, die ich liebe, und meiner selbst.

Wohl selten hat ein Wort wie „Liebe" zu so vielen Missverständnissen, Enttäuschungen, Erwartungen und Hoffnungen geführt. Wir suchen nach Liebe, versuchen sie zu erzwingen, betteln, machen uns abhängig von Menschen, die Liebe versprechen, und haben den Eindruck zu sterben, wenn dieser Mensch uns verlässt oder uns seine Liebe entzieht.

Wir schauen Liebesfilme, hören Liebeslieder und schmelzen vor Sehnsucht nach Liebe dahin. Wir beauftragen Partnervermittlungen und bezahlen für die Auswahl geeigneter Partner und sind enttäuscht, wenn sich aus den Dates doch nicht die erwartete große Liebe entwickelt. Wir schenken den Medien Glauben, die uns suggerieren, dass die Quelle der Liebe außerhalb von uns zu finden sei. Wir degradieren unsere Partner auf Bedürfniserfüllung, schließen Kompromisse, trainieren und disziplinieren unsere Kommunikation, um unsere Wünsche und Bedürfnisse schöner formulieren zu können, verwechseln Fürsorge, Sentimentalitäten, Gefühlsüberschwang, Verbundenheit, Begehren, Eifersucht und Lust mit Liebe. Ein Endlosspiel, welches wir bis zu unserem Lebensende miteinander spielen können. Und wir werden es spielen, solange noch Furcht in uns ist. Furcht davor, alleine zu sein, Sicherheit zu verlieren, nicht geliebt zu werden, keine Liebe mehr zu finden, was die anderen über uns denken.

Hast du dich jemals gefragt, wieso so viele Menschen nach Trennungen so tief und andauernd leiden?

Wir haben verlernt, dem Leben, der Liebe zu vertrauen.

Liebe geht Hand in Hand mit Freiheit.

Erst, wenn wir im lodernden Feuer zu verbrennen scheinen und alle Hoffnung auf eine Quelle im Außen schwindet, hat die Liebe die Möglichkeit, uns zu erreichen.

Die Liebe, von der ich hier schreibe, ist frei und bindet sich. Sie ist bedingungslos und stellt Bedingungen. Sie ist ein Paradox, folgt keinem Konzept, sie ist still und voller Leidenschaft.

Diese Liebe verbirgt nichts. Sie strahlt in die dunkelsten Winkel unserer Seele, sodass Heilung geschehen kann. Diese Liebe zeigt sich nicht immer in den für uns so angenehmen, wohligen Gefühlen. Manchmal äußert sie sich laut, mal leise, in klaren Worten, in einem Nein. Sie verspricht kein unendliches in Watte gepacktes Rosarot. Sie ist rein und klar. Sie fordert uns heraus, sie lockt uns und wirft uns wieder in die Einsamkeit zurück. Liebe gehorcht nicht.

Liebe, wen oder was immer du liebst. Liebe die Liebe, folge den Spuren, die sie für dich legt, und du bist frei. Wird Angst durch Liebe verwandelt, schenken wir den Menschen, die wir lieben, und uns die Freiheit, wir selbst zu sein und uns in unserem eigenen Rhythmus zu entwickeln und zu wachsen.

Diese Liebe ist nichts, was wir erreichen können oder müssen. Sie wird uns erreichen, wenn wir bereit dafür sind. Diese Liebe gibt es nur ohne Netz und sicheren Boden. Doch wenn wir uns in sie fallen lassen, werden wir schützend und liebevoll umfangen.

Bist du mutig und neugierig genug, dieser Liebe zu folgen, oder ziehst du dich lieber in die vorgefertigten Konzepte zurück?

Weißt du, was es bedeutet zu lieben? Ohne Ärger, ohne Vergleich, ohne Eifersucht, ohne den Wunsch, sich in das Handeln und Denken des anderen einzumischen?

Vergleicht Liebe? Urteilt Liebe? Trägt Liebe Verantwortung? Erfüllt Liebe Pflichten? Erwartet Liebe Dankbarkeit? Anerkennung?

Entschuldigungen? Geht sie Kompromisse ein? Würde Liebe diese Worte überhaupt sprechen?

Was tun wir, wenn die Menschen, die wir lieben, anders agieren, sich anders entwickeln, als wir es uns wünschen, wenn sie nicht unseren Erwartungen entsprechen, wenn sie uns nicht die Gefühle geben können, die wir jetzt gerade meinen zu brauchen, wenn sie sich weigern, unsere Bedürfnisse zu befriedigen, sich einem anderen Menschen zuwenden – was machen wir dann?

Die meisten Menschen sind kein unerschöpflicher Quell, den wir nach Belieben anzapfen können. Vielleicht ist der andere Mensch gerade in der Lage, uns das zu geben, nach dem wir uns sehnen, vielleicht auch nicht. Wollen wir uns davon wirklich abhängig machen?

Sexualität

Soweit ich zurückdenken kann, habe ich weder meinen Vater noch meine Mutter je ganz unbekleidet gesehen. Über Sexualität wurde nicht gesprochen und in meinem Fall wurde dies, nach dem Unfall, wohl auch nicht mehr als notwendig erachtet. Doch bin ich anscheinend in diesem Leben angetreten, um zu beweisen, dass die Dinge oft anders sind, als sie scheinen.

Bereits im Übergang vom Mädchen zur jungen Frau entkräftete ich die bestehende Überzeugung, dass auch nur ein männliches Wesen Interesse an mir als Frau und sexuelles Wesen zeigen könnte. Meine ersten Erfahrungen im Bereich der Sexualität machte ich im Alter von vierzehn Jahren. Ich begann mit der sexuellen Energie zu spielen und nutzte sie als Beweis, dass ich eine vollständige und attraktive Frau bin. Ich konkurrierte mit anderen Frauen, um mir selbst zu bestätigen, dass ich begehrenswert bin. Dies meist, ohne dass mich die Männer, um die es ging, wirklich interessierten. Eine Art Selbst-Bestätigung als Frau sozusagen.

Im Laufe der Jahre erlebte ich die verschiedenen Facetten sexueller Begegnungen. Von purer körperlicher Sexualität bis zur spirituellen Sexualität, welche mit dem Erleben des Einsseins einhergeht. Einmal erlebte ich eine Vergewaltigung, die nicht vollendet wurde, und auch der Missbrauch sexueller Energie ist mir nicht fremd. Ich bin sehr dankbar, dass mein System Erfahrungen wie ein Schwamm aufsaugt, die Essenzen filtert, und dass ich dann weiterziehen kann. So hielten sich die Zeitintervalle solcher Erfahrungen in, für mich, annehmbaren Grenzen.

Mit der äußeren Erscheinung meines Körpers lernte ich immer offener umzugehen. Zu Beginn meiner sexuellen Erfahrungen scheute ich mich oft davor, meinen unbekleideten Körper bei Licht zu zeigen. Im Wachstumsprozess hin zu Liebe und Freiheit wandelte sich diese Scheu in Offenheit. Besonderer Dank gilt hier meinem jetzigen Partner und Ehemann Joe. Durch und mit ihm habe ich den letzten Rest an Scheu verloren, was mir auch in diesem Bereich das Geschenk der Freiheit darbrachte.

Sexuelle Energie ist für mich Ausdruck unendlicher Schöpferkraft und Kreativität. Wir sind von Geburt an sexuelle Wesen und es ist unser Geburtsrecht, Sexualität so auszudrücken, wie wir es wünschen. Jedoch sollten wir uns, in jeder Form der Begegnung mit Achtung und Respekt als souveräne Wesen begegnen. Wird Sexualität als Manipulation, Machtspiel oder Demütigung missbraucht, verkennen wir ihre wahre Realität und missachten die Würde eines jeden Menschen.

BEGEGNUNGEN MIT DEM TOD
GEISTIGE BEFREIUNG

Während ich dies schreibe, hat mein Schwiegervater gerade diese Welt verlassen. Einen Monat lang begleiteten wir ihn in seinem Sterbeprozess. Als er aus dem Krankenhaus nach Hause kam, wussten wir nicht, wie lange sein Sterben andauern würde. Vielleicht noch ein paar Stunden, vielleicht auch noch Tage oder wenige Wochen. Auf einer der Heimfahrten von unserem Besuch bei meinem Schwiegervater fragte mein Mann in ruhiger Verzweiflung, wieso es hier in Deutschland keinem Arzt erlaubt ist, einem Menschen sein Sterben zu erleichtern. Bei unseren Haustieren besteht diese Möglichkeit. Ich blieb still. Eine Weile später erwiderte ich ihm, dass sein Vater uns, durch seinen Sterbeprozess, wundervolle Geschenke reicht. Geschenke in Form von Gnade, Demut, Berührung und das Gefühl, etwas von seiner Güte, seinem steten Dasein für die Familie zurückzugeben. Mein Schwiegervater hatte kaum noch Kraft zu sprechen, er konnte seinen Körper nicht mehr selbstständig bewegen oder gar seinen Kopf heben. Doch jedes Mal, wenn wir uns verabschiedeten, kam von ihm ein leises sanftes Danke an meinen Mann.

Was mich in diesen vier Wochen sehr berührte, war das Erleben der Familie. Mein Schwiegervater wurde von seiner Frau und den Kindern in einer Natürlichkeit gepflegt und begleitet, die ich selber bisher so nicht erlebt hatte. Die eigenen Gefühle der Hilflosigkeit und Ohnmacht, der Wut, der Liebe und Zuneigung, der Hoffnung und des Schmerzes durften einfach sein und wurden gelebt. Durch diese vier Wochen haben wir uns neu entdeckt und es ist eine Nähe und Verbundenheit entstanden, die trägt.

Ich bewundere meine Schwiegermutter sehr. Sie hat auf ihre ganz besondere Art und Weise Abschied genommen, ohne sich viele Gedanken darüber zu machen, was ihr Umfeld dazu sagt. Ich werde ihren Anblick und die etwas irritierten Blicke der Trauergemeinde nicht vergessen, als wir, begleitet von dem Lied „Woman in Love", von der Kapelle zum Friedhof liefen.

Für mich war es das erste Mal, dass ich miterleben durfte, wie der Geist (im Sinne von „Spirit") den Körper verlässt. Unsere Stimmen, Gefühle und Gesten passten sich auf eine natürliche Art und Weise seiner letzten Stunde an, obwohl wir nicht wussten, dass es seine letzte Stunde sein wird. Es war ein Ahnen, ein Spüren. Mich ergreift tiefe Demut vor dem Wunder des Lebens, wenn ich mich an diese „letzte" Stunde erinnere.

Während ich dies schreibe, fließen Tränen in ruhiger Gleichmäßigkeit über meine Wangen. Perlen des Herzens, gefärbt mit Emotionen der Vergangenheit.

Langsam lasse ich meine Gedanken in die Vergangenheit wandern. Erinnerungen an meine Begegnungen mit dem Tod.

Das erste Mal begegneten wir uns, als ich fünf Jahre alt war. Fremde Menschen trugen meinen Urgroßvater in einem Sarg aus dem Haus. Ein Bild, ein erster Eindruck.

Unsere zweite Begegnung ereignete sich sechs Jahre später, als mein Großvater nach langer Krankheit starb. Als die Nachricht kam, wurde ich zum ersten Mal mit der vollen Macht der Hilflosigkeit konfrontiert. Um dieser zu entgehen, putzte ich unsere Wohnung. Bis meine Eltern aus dem Krankenhaus zurückkamen, blitzte unser Haus.

Die folgenden sechzehn Jahre waren anderen Themen gewidmet, bis der Tod wieder mit geballter Kraft in mein Leben trat.

Im fünften Monat schwanger mit Pascal verbrachte ich das Pfingstwochenende mit meinem Partner, meiner Tochter und meinem Vater auf der Insel Borkum. Am Rückreisetag erreichte uns der Anruf meiner Schwester, dass sie im Krankenhaus liege. Es wurde eine Gewebeprobe entnommen. Zwei Wochen später kam die Diagnose: Non-Hodgkin-Lymphom. Unsere Reise begann. Eine Reise, die uns als Familie an körperliche und emotionale Grenzen brachte. Eine Reise, die jede bis dahin im Untergrund schwelende Disharmonie, jeden versteckten Konflikt ins Licht des Bewusstseins rückte – direkt, schonungslos, offen. Nach sieben Monaten Chemotherapie und zwei Knochenmarkentnahmen unterzeichnete meine Schwester das Dokument über die Vergabe der Vormundschaft für ihren damals sechsjährigen Sohn an unsere Mutter. Sie hatte den Kampf für sich beendet.

Zwei Wochen später klingelte nachts unser Telefon. Voller Angst, dass meine Schwester nun gegangen sei, nahm ich den Hörer ab. Die Nachricht, die mich erreichte, war so unfassbar und erschütterte mich in meinem tiefsten Kern. Meine engste Freundin, die mit dem Bruder meines damaligen Partners verheiratet war, hatte einen Autounfall gehabt. Ihr Ehemann bat mich, ihn in das Krankenhaus zu fahren. Ich fuhr. Wir kamen an der Unfallstelle vorbei, Feuerwehr und Polizei befanden sich noch am Unfallort. Wir erreichten das Krankenhaus und warteten. Mittlerweile war auch die Mutter meiner Freundin angekommen. Sie brachte die zwei ältesten Kinder meiner Freundin mit. Ihre jüngste Tochter hatte mit im Unfallauto gesessen.

Ein Arzt rief meinen Schwager in ein Zimmer und alles, was ich noch hörte, war ein Schrei. So laut, so tief. Die älteste Tochter lief weg. Ich fand sie zusammengekauert am Boden einer Telefonzelle.

Meine Freundin war tot. Ihre jüngste Tochter überlebte ohne Verletzung. Ich fuhr die Familie nach Hause. Surreale Eindrücke. Gefangen in einem Traum.

Die folgenden fünf Tage verbrachte ich mit der Familie meiner Freundin. Mein Partner versorgte unsere Kinder. In diesen fünf Tagen wartete ich, dass meine Freundin zur Tür hereinkommen und fragen würde, ob der Kaffee fertig sei. Sie kam nicht.

Wirklich realisieren konnte ich ihren Tod erst, als ich sie noch einmal sah. Anfangs wollte ich ihren Körper nicht mehr sehen. Ich hatte Angst vor diesem Anblick. Doch dann bin ich mitgegangen. Und es war gut so. Ihr Körper lag friedlich aufgebahrt, die Kopfverletzung war mit Schminke abgedeckt, es wirkte, als sei sie einfach nur am Schlafen.

Am sechsten Tag nahm ich meine täglichen Besuche bei meiner Schwester wieder auf. Als ich zur Tür hereinkam, schaute sie mich an und fragte mich, ob unsere Freundin vielleicht sterben musste, damit sie leben kann. Wenn ich heute so darüber nachdenke, habe ich mir damals überhaupt keine Gedanken darüber gemacht, wie schmerzhaft dieser Verlust auch für meine Schwester gewesen sein musste. Ich war zu beschäftigt mit meinem Schmerz, meiner Trauer und meiner Angst um meine Schwester.

Sechs Wochen später starb meine Schwester.

Diese sechs Wochen waren die Hölle. Vorher lachte meine Schwester noch, machte ihre Scherze, trug ihre Perücke. Von dem Zeitpunkt an, als sie die Vormundschaft abgegeben hatte, erlebte ich, wie sie Tag für Tag „weniger" wurde. Sie trug ihre Perücke nicht mehr, Entzündungen im gesamten Mundraum und an den Füßen zeigten sich. Sie war nur noch ein Schatten ihrer selbst. In diesen sechs Wochen durfte sie für eine Woche nach Hause. Die Ärzte hatten im Vorfeld Hoffnung verbreitet, dass sie danach die angestrebte Hochdosis-Chemotherapie machen würden. Jedem, der auch nur ein wenig sehen konnte, war klar, dass sie diese nicht überleben würde. Ihr Körper war durch die vorhergehenden Chemotherapien zu sehr geschwächt. Auch meine Schwester war sehend. Ich saß mit meinem Sohn (gerade sechs Monate jung) bei ihr und sie sagte: „Silke, ich glaube, sie werden die Hochdosis-Chemo nicht mehr machen." Und ich saß da und wusste nicht, was ich sagen sollte. Ich fühlte mich so verdammt hilflos. Ich schwankte zwischen meinem eigenen Wunschdenken und der Realität. Ich hatte keine verfluchte Ahnung, wie ich mit dieser Situation umgehen sollte.

Und einen Stock tiefer saß meine Mutter mit ihrem Mann und ein paar Bekannten und sie tranken sich ihre Angst und ihre Hilflosigkeit von der Seele und dies in einer Lautstärke, dass unbändige Wut in mir aufschäumte.

An dem Tag, als meine Schwester starb, wurden wir von der Klinik informiert, dass sie am nächsten Tag in das Krankenhaus in unserem Wohnort verlegt werden sollte, weil sie nichts mehr tun könnten und wir so die Möglichkeit hätten, bei ihr zu sein. Und selbst in diesem Moment verbreitete mein Verstand noch Hoffnung. Ich wollte die Wirklichkeit nicht sehen, geschweige denn anerkennen. Zu dieser Verlegung kam es nicht mehr. Mein Vater war den ganzen Tag bei meiner Schwester. Nachmittags schickte sie ihn fort mit den Worten: „Ich möchte alleine sein." Mein Vater kam zu uns. Wir saßen schweigend in unserem Wohnzimmer. Jeder mit seinen eigenen Gedanken und Gefühlen beschäftigt. Um 20.00 Uhr kam der Anruf meiner Mutter. Meine Schwester war tot.

Der nächste Tag. Die Fahrt zur Klinik. Mein Stiefvater fuhr, mein Vater saß neben ihm, meine Mutter und ich hinten. Vier Menschen, jeder in seiner Welt, und all die unausgesprochenen Worte zwischen uns.

Angekommen in der Klinik durften wir Abschied nehmen. Ich wollte mit meiner Schwester alleine sein, doch ich war es nicht.

Ich ging zu dem Bett, in dem sie lag. Sie hatten ihr die Perücke aufgesetzt und sie trug die Kette, die ich ihr geschenkt hatte. Ihr Gesicht zeigte sich vollkommen entspannt. So friedvoll und frei von Schmerz. Ich streichelte ihren Körper und verließ den Raum. Ich flüchtete ins Auto, spielte das Lied „Wort zum Sonntag" der Toten Hosen und drehte die Lautstärke voll auf – und schrie meinen Schmerz und meine Verzweiflung in die Welt hinaus. Mein Körper wurde von Weinkrämpfen geschüttelt und ich hatte den Eindruck, ich würde nie wieder aufhören zu schreien und zu weinen. Doch in dem Moment, als ich wahrnahm, dass jetzt auch mein Vater, meine Mutter und mein Stiefvater zum Auto kamen, stoppte ich abrupt.

Die Fahrt nach Hause verlief wie die Fahrt zur Klinik. Keiner sprach – jeder in seiner Welt gefangen.

Die folgende Trauerfeier. Unausgesprochene Vorwürfe und Verletzungen füllten den Raum. Einen Ausgleich brachten für mich all die Menschen, die uns beim Verlassen der Kirche auf dem Friedhof empfingen. Es waren so, so viele, die Anteil nahmen. Das berührte mich sehr.

Was ich zu der Zeit in Frieden aus diesen beiden Erlebnissen mit dem Tod mitnahm, war beider Anblick. Ihre Gesichtszüge waren vollkommen entspannt und friedlich.

Ansonsten waren in mir nur Wut und Schuldgefühle. Wut auf alles und alle, aber vor allem auf mich und Gott. Wut und Schuldgefühle, weil meine Schwester sterben musste und ich meinen Unfall überlebt hatte. Wut und Schuldgefühle, weil ich mich am Tag des Unfalls meiner Freundin eigentlich mit ihr hatte treffen wollen. Ich baute eine Mauer um mein Innerstes. Niemals mehr wollte ich diese Hilflosigkeit, diesen Schmerz und diese Angst spüren.

Fünf lange und in meiner Erinnerung graue Jahre erbaute ich mir eine innere Festung. Ich war gut gerüstet. Ich funktionierte. In diesen fünf Jahren starben drei weitere Menschen aus der Familie meines Partners, seine Mutter und zwei seiner Onkel.

Fast genau fünf Jahre später. Ich bin auf der Arbeit. Meine Freundin Andrea kam wieder einmal zu spät. Das geschah des Öfteren, sodass ich mir die erste halbe Stunde keine Gedanken machte. Danach wurde ich unruhig. Eine weitere halbe Stunde später kam unser Abteilungsleiter auf mich zu. Er sah mich an. Stille. Dann folgten die Worte: Andrea hatte einen Unfall. Sie hat nicht überlebt. Wie in Trance packte ich meine Sachen und fuhr nach Hause. Vorbei an der Unfallstelle. Nach Hause, nach Hause – ich wollte nur noch nach Hause. Ich kam an, ging ins Wohnzimmer, blickte auf die Uhr. Sie war stehen geblieben. Und ich auch. Das Telefon klingelte. Der Mann meiner Schwester war am Telefon und sagte: „Was haben wir beide nur an uns, dass wir all die Menschen verlieren, die wir lieben?" und legte auf. Andrea war seine Schwester.

Die Tage bis zur Beerdigung – eine Qual. Wieder dieselben Menschen. Wieder derselbe Ort.

Ich schaffte es, indem ich mich auf den Boden der Kapelle konzentrierte und die Steine zählte. Erst vor ihrem Grab wachte ich wieder auf. Beim Verlassen des Friedhofes traf ich zwei Arbeitskolleginnen und sagte: „Habt ihr gesehen? Dieses Mal habe ich nicht geweint!" In dem Moment als ich sie ausgesprochen hatte, stieg in mir eine erste sanfte Ahnung auf. Eine erste sanfte Erinnerung daran, dass irgendetwas in mir ganz und gar nicht mehr stimmig war.

Einige Wochen später, noch im Strudel der Ereignisse gefangen und auf der Suche nach Liebe, nach einem Sinn, entschloss ich mich, wegzuziehen und dem Freund von Andrea zu folgen. In den Wochen nach ihrem Tod waren wir uns näher gekommen und die gemeinsame Trauer hatte eine enge Verbundenheit ausgelöst. Eine kurze Weile hatten wir beide die durch Andreas Tod entstandene Leere mit der Nähe gefüllt, die aus der gemeinsamen Trauer entstanden war. Ich kündigte meinen Job, die Wohnung und meldete meine Tochter von der Schule ab.

Wir fanden eine wundervolle Wohnung mit Blick auf einen See am gewählten Wohnort. Es war alles bereit – und endete in einem Desaster. Noch bevor der Umzug tatsächlich stattfand wurde mir mit aller Deutlichkeit bewusst gemacht, dass das, was ich suchte, im Außen nicht zu finden ist. Dieser Mann warf mich auf mich zurück, indem er sich, ohne mit der Wimper zu zucken, von mir abwendete. Ich fiel ins Bodenlose. War er doch für mich der letzte Anker, der mich gehalten hatte. Ich schaffte es noch, alle den Umzug betreffenden Entscheidungen rückgängig zu machen – und dann brach ich vollendet zusammen.

Es begann eine Zeit des Widerstandes und des Kampfes. Ich war definitiv nicht einverstanden mit dem, was geschehen war: nicht mit dem Tod meiner Schwester, nicht dem Tod meiner beiden engen Freundinnen, nicht mit einer Mutter, die ihr Heil im Alkohol suchte. Nein, ich war nicht einverstanden. Ich war im Widerstand. Ich kämpfte. Kämpfte gegen das Leben, indem ich mich aus dem Leben zurückzog, und gegen den Tod, durch eine künstlich-euphorische „Leben ist jetzt und du kannst mich mal"-Einstellung. Es war eine Berg- und Talfahrt, die meine letzten Kraftreserven verbrauchte. Es war anstrengend und ich war körperlich, seelisch und geistig am Ende. Ich konnte nicht mehr und forderte den Tod heraus, mich endlich zu holen, gerne auch mit meiner Unterstützung. Ich war der festen Überzeugung, dass dies auch das Beste für meine Kinder wäre, da ich ihnen keinerlei emotionale Stütze mehr sein konnte. Und alle anderen waren mir inzwischen gleich-gültig.

Einsamkeit,
die mich durchdringt.
Sehnsucht,
die mein Denken bestimmt.
Angst,
dich mich blockiert
und mein Handeln dirigiert.
Traurigkeit,
die mich einspinnt,
mir die Lust zu leben nimmt.
Wut,
gegen mich selbst gerichtet,
meinen Glauben an mich vernichtet.
Wann ist sie endlich vorbei,
diese selbstzerstörerische Quälerei.

Silke Naun-Bates

Mein JA zum Leben

Der Tod nahm meine Herausforderung an und schickte mir als Antwort – das Leben.

Ich hatte aufgegeben. Aufgegeben zu kämpfen. Eine Kriegerin am Boden in sämtliche Einzelteile zerlegt. Das gesamte bisherige System war am Ende. Und erst jetzt konnte das Leben mich wirklich erreichen.

Ich weinte und weinte und weinte. Ich gab mich dem Schmerz, der Wut, den Schuldgefühlen hin und all das floss in einem scheinbar unablässigen Strom von Tränen aus mir heraus. Ich weiß nicht mehr, wie lange diese Phase anhielt, doch irgendwann spürte ich Erleichterung und Befreiung, beides schenkte mir wieder Kraft.

Tiefe Traurigkeit in mir.
Sehnsucht, die laut ruft nach dir.
Ich lasse sie ein,
spüre sie in meinem ganzen Sein.
Nehme sie an, gebe ihr Raum
und einem Phönix gleich
erwache ich aus diesem Traum.

Silke Naun-Bates

Der Tod – das Leben. Zwei Seiten einer Medaille. Wir sterben, seitdem wir das Licht der Welt erblickten. Alles führt genau dorthin und wir wissen es. Doch wir sind Meister der Verdrängung. Wir versuchen uns mit metaphysischen Konzepten, Überlieferungen von Religionen zu beruhigen, weil wir sonst zugeben müssten, dass wir eine Scheißangst haben und keine Antwort wissen. Gibt es ein Leben nach dem Tod? Ich weiß es nicht. Versteh mich richtig. Ich sage: Ich weiß nicht, ob es ein Leben oder sonst irgendetwas nach dem Tod gibt. Ich habe eine Ahnung, Erlebnisse, die den Raum dieser Möglichkeit für mich eröffnen und eine Überzeugung gebildet haben – doch wissen tue ich es nicht. Dieses Nichtwissen beinhaltet, dass es möglich ist – nur verlasse ich mich nicht darauf. Ist es wichtig, das zu wissen? Für mich nicht. Dieses Nichtwissen hat sogar einen Vorteil: Es bewahrt mich davor, dieses Leben zu vergeuden. Da ich nicht weiß, ob und was nach dem Tod kommt, besteht durchaus die Möglichkeit, dass dieses Leben hier das Einzige ist, das ich leben werde, und die Erkenntnis bewirkt, dass ich dieses Leben als unendlich wertvoll und kostbar erachte.

Meine Begegnungen mit dem Tod haben mich gelehrt, dass es auf manche Fragen einfach noch keine Antworten gibt. Für die logische, rationale Ebene unseres Geistes ist dies nur schwer zu akzeptieren. Er sucht Kontrolle und so suchen wir nach Gründen, die uns die Frage nach dem Warum erklären. Doch selbst, wenn wir einen Grund finden, können wir nie zu hundert Prozent sicher sein, dass dies der wirkliche Grund ist. Es könnte ja auch eine ganz andere Ursache als Grund gegeben sein oder vielleicht auch gar keine.

Meinem eigenen Tod sehe ich mit einer gewissen Neugier entgegen, in der Hoffnung, dass ich eine Antwort auf die Frage nach der letztendlichen Wahrheit erhalte. Doch wahrscheinlich erlaubt sich das Leben einen kosmischen Witz und wirft neue Fragen auf.

Der Tod – er war und ist mein wahrhaftigster und größter Lehrer.

Wir haben Frieden geschlossen.

Die Frage nach dem Sinn ...

Nach meinem vollendeten Zusammenbruch begann ein Prozess, auf den ich mich einließ, weil meine bisherigen Vorstellungen vom Leben und vom Sinn, den ich ihm bis dahin gegeben hatte, nicht mehr wirkten.

Die einzigen Menschen, denen ich noch ein wenig Zugang zu mir erlaubte, waren der Vater von Pascal und eine langjährige

Freundin. Pascals Vater nahm, so oft es ihm möglich war, die Kinder zu sich. Meine Freundin und ich hatten in den letzten Jahren unsteten Kontakt gehalten, doch ab dem Moment, in dem sie spürte, dass ich mich davonbewege, rief sie jeden Abend um eine bestimmte Uhrzeit bei mir an. Aus einem inneren Drang heraus nahm ich diese Gespräche an. Vielleicht, weil ich wusste, dass sie selber ähnliche Erfahrungen durchlebt hatte, als sie ihre kleine Tochter bei einem Unfall verlor.

Die Gespräche mit ihr bewegten mich dazu, einige Wochen später meinem Hausarzt gegenüber offen zu sein. Ich erzählte ihm, dass ich seit Wochen kaum noch Schlaf fände und worum sich meine Gedanken drehten. Er verschrieb mir ein Medikament, damit ich wieder Schlaf finde, und gab mir ein weiteres Rezept über ein Medikament, welches meine Gedanken beruhigen sollte. Des Weiteren empfahl er mir, dass ich mir Unterstützung suchen sollte. Beide Medikamente nahm ich über einen Zeitraum von drei Wochen ein, dann setzte ich sie wieder ab. Wieder schlafen zu können, hat mir sehr gut getan, doch zu erleben, wie einfach es ist, Gefühle über die Zufuhr von Medikamenten zu verändern, hat mich maßlos erschreckt. Das war nicht mein Weg – so viel war klar. Und auf einer eher unbewussten Ebene war mir auch klar, dass ich Unterstützung brauchte. Ich, die stets alles geschafft hatte. Ein Desaster. Doch ich überwand meine vermeintliche Stärke und vereinbarte einen Termin bei einer Beratungsstelle für seelische Gesundheit. Dort erwartete mich ein junger Mann, ungefähr in meinem Alter. Am Ende des ersten Termins fragte er mich: „Woher nehmen Sie diese Stärke? Sie erzählen mir Ihre Geschichte von Erfahrungen, die, nebenbei bemerkt, viele Menschen ihr ganzes Leben lang nicht erleben und die Sie bereits in diesem Alter durchlebt haben, und bei all dem wirkt eine innere Stärke durch Sie hindurch. Woher nehmen Sie diese Kraft?" Ja, das fragte ich mich auch, zumal ich mich überhaupt nicht stark fühlte. Und ich beschloss, es herauszufinden.

Von da an begleitete mich dieser junge Mann über die nächsten acht Monate. Im Zwei-Wochen-Rhythmus suchte ich die Beratungsstelle auf, ich erzählte, er hörte zu, stellte Fragen und schickte mich mit Hausaufgaben nach Hause. Jedes Mal lagen auf dem Tisch in seinem Büro Taschentücher und jedes Mal dachte ich: „Du glaubst doch nicht wirklich, dass du mich weinen sehen wirst?" Nach den ersten fünf Monaten brach ich die Besuche ab. Mir ging es scheinbar schlechter als vorher. Er ließ mich vier Wochen in Ruhe, dann schrieb er mir einen Brief, in dem er um ein Abschlussgespräch bat, da dies für ihn wichtig sei. Er kannte mich mittlerweile gut – für ihn ging ich selbstverständlich noch einmal hin. Und erst ab diesem Zeitpunkt war ich in der Lage, ehrlich zu zeigen, was in mir ist. Von da an ging meine innere Entwirrung in einem rasanten Tempo vorwärts.

Wo beginne ich? Am einfachsten mit der Frage, mit der mein bisheriges Leben endete und ein neues begann. Die Frage nach dem Sinn …

Bis zu dem Tag, an dem Andreas Tod mein Leben berührte, war ich der Überzeugung, dass ich aus jeder Situation etwas lernen und mitnehmen könnte. Nach ihrem Tod habe ich nicht mehr verstanden, was ich lernen soll. Mein Verstand war vollkommen überfordert mit den Ereignissen und suchte nach einer Erklärung, nach Erlösung. Doch mein Verstand fand sie nicht.

Durch die Hausaufgaben, die mir der junge Mann der Beratungsstelle nach jedem Termin mitgegeben hatte, zwang er mich, die Ebene meines Verstandes zu verlassen. Meist gab er mir Fragen mit oder auch die Aufgabe, einen Brief zu schreiben. Auch wenn ich oft keine Lust hatte, die Aufgaben zu erfüllen, tat ich es trotzdem. Und ganz langsam begann ich wieder Zugang zu meinen Gefühlen zu bekommen.

Dies brach sich in einem Schreibfluss Bahn. Über die Dauer von zwei Wochen schrieb ich und schrieb und schrieb. Viele der Gedichte, die du in diesem Buch findest, sind in diesen zwei Wochen entstanden.

Damit löste sich die erste Schicht.

Ich begann zu hinterfragen, wieso mir bestimmte Dinge so wichtig waren. Waren sie mir wirklich wichtig oder hatte ich sie nur übernommen? Das betraf so ziemlich alle Bereiche meines Lebens. Sei es die Begleitung meiner Kinder, Noten in der Schule, wie eine Beziehung zu sein hat, was Erfolg bedeutet, wie Freundschaften zu sein haben, Arbeit, Liebe, Geld, was bedeutet Schwäche, was ist Stärke ...

Was mich selbst stets wieder verwunderte, ist die Tatsache, dass ich im Rahmen meiner Körperlichkeit kaum Grenzen kannte und emotional doch so gefangen in eigenen und gesellschaftlichen Zwängen war.

Eine Neudefinition meiner selbst und meines Lebens begann. An manchen Punkten sehr radikal, an anderen etwas sanfter.

Von Kindheit an,
in einen Rahmen gepresst.
Der Weg schon vorgeschrieben.
„Wag es ja nicht abzubiegen!"
Fall bloß nicht aus dem Rahmen,
was würden dann die „anderen" sagen.

Die Pubertät
– nicht wirklich Realität.

Ein paar Jahre werden dir gegeben,
um die Rebellion zu leben.

Plötzlich erwachsen,
musst du dich wieder anpassen.
Jahre ziehen ins Land
und du glaubst, sie sind geplant
aus deiner Hand.
Arbeit, Heirat, Kinder, Freunde …
wie eben die gesamte Meute.

Du denkst,
der Rahmen ist flexibel.
Bis du merkst,
du wirst aufgerieben,
an der starren Enge,
den Erwartungen der Menge.

Und langsam schleicht sie sich dann ein,
auf leisen Sohlen kommt sie herein.
Du versuchst sie zu verdrängen,
doch sie lässt sich nicht einengen.

Sie hält dich fest,
bis du dich mit ihr auseinandersetzt,

*den Rahmen sprengst
und deine Schritte selber lenkst.*

*Und dann,
wirst du verstehen den Gewinn
– in der Frage nach dem Sinn.*

Silke Naun-Bates

Oft benutzen wir das Wort „Sinn" auch im Sinne von: „Das macht keinen Sinn." Was bedeutet: Es entbehrt jeder Logik. Doch das ist der Sinn der logischen, rationalen Ebene. Die Ebene, die mir meine Fragen nicht mehr beantworten konnte.

Ich weiß nicht, ob du dir die Frage nach dem Sinn, in dieser Form, bereits gestellt hast. Auch wenn es vielleicht so scheint, dass viele Menschen dies nicht tun, bin ich davon überzeugt, dass jeder Mensch sich diese Frage früher oder später stellen muss. Vielleicht in einsamen Momenten und Nächten, vielleicht nach einer einschneidenden Erfahrung oder wenn wir im Fernseher die Nachrichten schauen. Manche Menschen suchen ihr Leben lang nach einer Antwort auf diese Frage.

Für mich gibt es kein sinnloses Leben.

Sinn: Das ist die unsichtbare Spur der Entwicklung und des Wachstums, der wir folgen – ob bewusst oder unbewusst – wir folgen dieser Spur. Wir mögen den Eindruck haben, fehlzugehen, nicht zu wissen, wohin, und uns manches Mal auch weigern, unsere Komfortzone zu verlassen. Das ist in Ordnung. Doch irgendwann wird der Rahmen, den wir uns selbst gesetzt haben, zu eng und wir werden eine Wahl treffen. Leben ist Liebe und Liebe wird uns stets zu Entwicklung und Wachstum auffordern. Auf der persönlichen wie auf der kollektiven Ebene. Wir verfügen über eine intuitive Intelligenz. Wir können wählen, sie wahrzunehmen und ihr entschlossen und mutig zu folgen.

Und es geht nicht immer um große Taten und Visionen. Entwicklung und Wachstum finden in der kleinsten Zelle statt. Gemeinsam werden große Visionen auf die Erde gebracht. Menschen wie Nelson Mandela, Mahatma Gandhi, Mutter Teresa, Martin Luther King, Jesus Christus und viele weitere dienen uns als Beispiele und Vorbilder für das, was möglich ist.

Für ein Leben in Freiheit, Würde, Kraft und Freude. Doch ihr Da-Sein hätte nicht diese Wirkung erzielt, wenn nicht viele, viele Menschen um sie herum dazu beigetragen hätten. Jeder von uns ist dort, wo er gerade ist, genau am richtigen Platz.

Insgesamt dauerte meine Reise ungefähr acht Monate. Sie endete mit einer Mutter-Kind-Kur. Nach dieser Kur verabschiedete ich mich auch von dem jungen Mann, der mich auf so wundervolle Weise begleitet hatte. Bei unserem letzten Termin teilte er mir mit, dass er jetzt ein neues Aufgabengebiet übernehme und der Zeitpunkt, unsere gemeinsame Reise zu beenden, wundervoll passe. Oft habe ich in den Jahren danach an diesen jungen Mann gedacht und bis heute bin ich mir nicht sicher, ob ihm bewusst war, wie wertvoll seine Fragen und seine Hausaufgaben für mich gewesen waren.

Die Mutter-Kind-Kur zeigte sich als Heilungsbeginn der Beziehung zu meinen Kindern. Für mich selber stellte sie sich als Vollendung eines Zyklus dar. Es war das Jahr der Vollendung und zugleich die Ankündigung eines Neuanfanges.

Ich öffne der Liebe mein Herz,
heiße willkommen den Schmerz.

Fühle den Schmerz, fühle die Angst,
habe lange nicht mehr getanzt.

Gehe hindurch, fühle mich befreit,
der Engel der Liebe steht wieder bereit.

Silke Naun-Bates

Als 2004 eine weitere enge Freundin während ihrer lang ersehnten Schwangerschaft einen Hirnschlag erlitt und ins Wachkoma fiel und mein Neffe 2009 mit seinem Quad im Alter von 21 Jahren tödlich verunglückte, erwiesen sich meine Erfahrungen als wertvolle Unterstützung sowohl für mich als auch für die Menschen, die davon betroffen waren.

DIE WELT DER SPIRITUALITÄT

Nach Beendigung der Mutter-Kind-Kur im April 2002 genoss ich für einige Wochen mein (wieder)gefundenes Leben. An einem dieser Tage voller Wunder besuchte ich mit einer guten Bekannten einen kleinen Kunsthandwerkermarkt. An einem Stand, an dem Dekoartikel für den Garten angeboten wurden, lag ein einzelnes Buch. Der Titel des Buches zog mich magisch an:
„Mysterio – Überlege dir gut, was du dir wünschst! Es könnte in Erfüllung gehen".

Ich nahm es in die Hand und schaute auf die Rückseite. Dort stand:
„Warnung: Betritt Mysterio nicht leichtfertig! Es ist ein Schritt, den du nicht mehr rückgängig machen kannst. Tritt nur ein, wenn du reinen Herzens und ohne Furcht bist! Bedenke jeden deiner Schritte! Nichts, was du hier tust, wird ohne Folgen bleiben. Du wirst die Welt verändern. Jede Entscheidung, die du hier triffst, wird von nun an dein Leben bestimmen."

Das Buch war von Ella Kensington (Bodo Deletz).

Meine Reise in die Welt der Esoterik und Spiritualität begann.

Dieses Buch war mein Türöffner. Es katapultierte mich während des Lesens in eine Welt der Emotionen und ließ mich die Macht unserer Gedanken erkennen.

So sehr, wie ich vorher einen großen Bogen um die Bücher im esoterischen Bereich geschlagen hatte, ebenso sehr zogen sie mich nun an. Ich saugte das Wissen und die Worte in mich auf und erhielt Antworten für meine Erfahrungen, die ich bis 2002 gewonnen hatte. Oder anders ausgedrückt: Ich fand Bücher, die mich verstanden.

In den vergangenen zwölf Jahren absolvierte ich drei private Ausbildungen. 2003 zur Dipl.-Persönlichkeitstrainerin (PF) und s.e.i.© (spirituelle-emotionale-integration) Trainerin. Von 2012 bis 2014 nahm ich an der Ausbildung zum Integralen Life Management teil. Weitere wichtige persönliche Lehrer und Inspirationsquellen findest du im Anhang. Die Jahre zwischen den Ausbildungen widmete ich der Integration des Gelernten in mein Leben.

All die Methoden und Werkzeuge, die ich mir in den Jahren angeeignet, und all das Wissen, welches ich aufgenommen habe, dienen mir bis heute, all meine Erfahrungen in mein Leben zu integrieren und darüber hinaus dazu, neue Räume für mich zu eröffnen. Die Ausbildungen habe ich in erster Linie für mich und mein persönliches Wachstum durchlaufen – dass sie mir auch bei der Begleitung von Menschen dienen, ist ein wertvoller Nebeneffekt.

Auch in diesem Bereich gibt es für mich kein Richtig oder Falsch, keine letztendliche Wahrheit. Alles hat seine Berechtigung und findet seinen Ausgleich. Weder beteilige ich mich großartig an Diskussionen über Ernährung, Medizin und Gesundheit, spirituellen Praktiken oder Sonstigem, noch maße ich mir an, dir zu sagen, was für dich angemessen wäre. Wenn wir im Einklang mit unserem inneren Selbst leben, sind all diese Diskussionen überflüssig. Die Seele lächelt, während der Verstand diskutiert.

Fragst du mich jedoch persönlich nach meiner Meinung, einem Rat oder einer Einschätzung, antworte ich dir klar, direkt und freundlich. Wie du meine Antwort interpretierst und was du mit ihr anfängst, liegt dann wieder in deiner Verantwortung.

Ich bin ein Fan von gelebter Spiritualität. Mein Aufenthalt in der Welt der Esoterik war sehr wertvoll, lehrreich und unterhaltsam, doch erst das Verbinden der Alltagswelt mit der Welt der Spiritualität schenkte mir wirklichen Frieden.

Wir sind spirituelle Wesen – immer. Als Kinder war dies für uns selbstverständlich. Wir vertrauten dem Leben, spielten und verschwendeten keinen Gedanken an das Morgen oder mögliche Konsequenzen. Wir waren eins mit allem, was ist. Irgendwann auf unserem Weg verloren wir dieses Wissen. Hast du dich jemals gefragt, wieso es Kindern oft so viel leichter fällt, mit Behinderungen und Krankheit umzugehen? Woher sie diese Stärke nehmen? Sie sind noch verbunden mit der Quelle des Lebens. Sie „wissen" um ihre wahre Natur. Sie sind dem Leben um so vieles näher als wir, oft so hilflose, Erwachsene.

Lass dieses Kind in dir wieder in Erscheinung treten. Es mag sein, dass es auf seinem Weg in das Erwachsenenleben verletzt wurde, doch jetzt ist es an der Zeit, diese Wunden zu heilen. Heilung geschieht, wenn wir uns wieder erinnern, wer wir wirklich sind: spirituelle Wesen auf einer Menschenreise. Nicht mehr und auch nicht weniger. Gelingt es dir, dein Leben aus diesem Blickwinkel zu betrachten, wird Komplexes einfach und Gelassenheit zieht ein. Du bist der Fels in der Brandung und dienst als Leuchtturm für Suchende, die auf den Wellen des Ozeans vergessen haben, dass sie der Ozean sind.

DIE ESSENZ
– FREI UND GLÜCKLICH

Freiheit. Seit ich denken kann, begleitet mich dieses Wort, dieser Wert. Meine Deutung des Begriffes „Freiheit" hat sich im Verlauf meines Lebens verändert.

Vom Kampf gegen Dogmen und Regeln über Unabhängigkeit, Selbstbestimmtheit hin zu einer Freiheit, wie ich sie heute für mich begreife.

Vielleicht wundert es dich ein wenig, dass ich das Fehlen meiner Beine nur bedingt thematisiert habe. Alleine aus dieser einen Tatsache könnte ich eine Geschichte kreieren. Eine Tragödie, ein Drama, eine Komödie – je nachdem, welche Perspektive ich dazu einnehme. Diese eine Tatsache würde reichen, um mir ein vergangenheitsbestimmtes Leben zu erschaffen. Doch mit dem Unfall, den Krankenhausaufenthalten und Operationen, dem Fehlen meiner Beine habe ich mich nicht identifiziert. Diese Nicht-Identifikation hat mir im Bereich meiner Körperlichkeit von Beginn an ein hohes Maß an Freiheit geschenkt und es mir erleichtert, bestehende Überzeugungen infrage zu stellen und darüber hinauszuwachsen.

In anderen Bereichen meines Lebens lebte ich vergangenheitsbestimmt. Das bedeutet, dass mein Unbewusstes die Führung übernommen hatte. Ich reagierte nur noch auf Gedanken und Emotionen, die sich in mir zeigten und aus früheren Erfahrungen resultierten. Infrage stellte ich diese erst, als ein gewisses Maß an Leid erreicht war.

Um wirklich frei zu leben, war es wesentlich, mich von Erlebnissen meiner Vergangenheit zu lösen. Dies geschah durch eine Änderung meiner Perspektive auf die Ereignisse.

Solange meine Vergangenheit noch einem Kriegsschauplatz glich, in dem ich entweder Täter, Opfer oder beides war, mich schuldig fühlte oder jemandem Schuld zusprach, war Freiheit für mich unmöglich zu erreichen.

Ein weiterer wichtiger Schritt hin zu Freiheit erforderte das Ablegen meiner Masken und Rollen. Wie sehr viele Menschen, die mir begegnen, wünschte auch ich mir, authentisch zu sein, mich wahrhaftig auszudrücken. Doch stattdessen spielte ich Rollen und trug Masken. Manche waren so mit mir verwachsen, dass mir gar nicht mehr auffiel, dass ich sie trug. Ich hatte Angst, mich wirklich zu zeigen. Angst vor Ablehnung, vor Beurteilungen, vor dem Denken anderer Menschen, die genauso wie ich ihre Rollen einnahmen und ihre Masken trugen.

Mit dem Verinnerlichen des Wissens und der Erfahrungen, wer ich im Kern wirklich bin, fiel und fällt es mir wesentlich leichter, mich wahrhaftig und authentisch auszudrücken. Es gibt noch Momente und Situationen, in denen ich dies vergesse. Mein erster öffentlicher Vortrag war zum Beispiel so eine Situation. Da es mein erster Vortrag war, bereitete ich mich intensiv darauf vor. Es gibt so viele Bücher, Artikel und Werkzeuge, dass mein Verstand bereits mit dem Sortieren Probleme bekam. Rhetorik, der Platz, an dem du stehst, deine Stimme, vom Problem zur Lösung in x Schritten … Du bist die Hauptperson … Lass dir nicht das Zepter aus der Hand nehmen … Weise auf weitere Termine hin … Bei all dem vergaß ich, ich selbst zu sein. Ich wendete an, was andere mir zeigten. Ich spielte eine Rolle und war nicht mehr ich. Aus dieser Erfahrung habe ich gelernt und gestalte jetzt Vorträge oder Trainings so, wie es mir entspricht. Frei von dem, wie es sein „sollte".

Auch bei Menschen, die ich für etwas, was sie tun oder ausdrücken, bewundere, geschieht es noch, dass ich meine Maske aufsetze. Doch es gelingt mir in immer kürzerer Zeit, diese wieder abzulegen.

Freiheit bedeutet für mich auch, eine Wahl zu haben, was für mich etwas anderes ist, als sich zu entscheiden. Entscheidung bedeutet in der Regel, sich von einer der mindestens zwei bereits bekannten Varianten zu trennen und sich einer bestimmten zuzuwenden. Eine Wahl ist umfassender. Sie lässt den Raum der Möglichkeiten offen, vereint scheinbare Gegensätze und lässt mich vollkommen frei wählen. Eine Wahl ist nur möglich, wenn ich mir bewusst bin, was in mir vorgeht, was mir wirklich wichtig ist, wenn mir das „Wofür" klar ist. Dieses „Wofür" muss ich nicht in Worte fassen können, doch ich muss es als präsentes Gefühl in mir spüren.

Ein Leben mit Momenten des Glücks können wir auch leben, ohne jemals den Bereich der gedanklichen Ebene und der Emotionen zu verlassen. Nur wird es uns nicht sättigen. Es gleicht ein wenig dem Fast Food: Es stillt kurzfristig den Hunger, doch bald brauchen wir wieder neue Nahrung.

Wie viele Menschen scheinen wirklich alles zu haben, was wir meinen, zum glücklich sein zu brauchen: eine harmonische Beziehung, eine erfüllende Tätigkeit, finanzielle Sicherheit und die daraus entstehende Freiheit, ein soziales Netzwerk, Gesundheit, Abenteuer – und dann springen sie von der Brücke. Sie wirken oft nicht glücklich, weil das, was glücklich zu sein wirklich bedeutet, vollkommen frei und unabhängig von all diesen Dingen ist.

Wir können angenehme Emotionen mit bestimmten Techniken oder auch einfach mit der Zufuhr pflanzlicher oder chemischer Substanzen erzeugen. Wieso tun wir das nicht, wenn es doch so einfach und ein glückliches Leben unser Ziel ist? Weil wir auf einer tieferen Ebene genau wissen, dass wir uns damit selbst belügen. Versteh mich richtig: Ich bin ein Fan von konstruktivem Denken. Da wir Gedanken erzeugen, macht es für mich Sinn, mein Denken in konstruktive Bahnen zu lenken. Ich mag es, zu visualisieren, Visionen zu empfangen, und ich genieße die Erschaffung und Erfüllung. Doch wie oft hast auch du schon erlebt, dass das Leben andere Pläne hat? Es geschieht etwas, wir nennen es oft einen Schicksalsschlag, und all diese Dinge, Ziele und Visionen werden unwichtig. Es gleicht ein wenig einer Gradwanderung, die Kraft der mentalen Ebene zu nutzen, zeitgleich der intuitiven Intelligenz zu lauschen, die vielleicht eine andere Richtung anbietet. Wem wirst du folgen?

Wenn du dich entscheidest, deiner intuitiven Intelligenz, deiner inneren Stimme zu folgen, wird dein Verstand anfangs dazwischenspringen und dir einreden wollen, dass sein Weg der sichere und bessere ist. Lausche seinen Bedenken, Begründungen und Zweifeln, nimm einen tiefen Atemzug und bleib bei dir.

Dein Denken wird sich daran gewöhnen und jedes Mal, wenn du zweifelst und du wählst, deiner inneren Stimme, deiner intuitiven

Intelligenz zu folgen, wächst dein Vertrauen. Zweifel entstehen stets auf der mentalen Ebene.

Glücklich sein ist ein Zustand. Es ist nichts, was es zu erreichen gilt. Dieser Zustand wächst aus einer Wahl. Einer Wahl, die auf der Erkenntnis beruht, dass ich stets eine Wahl habe, die Dinge aus verschiedenen Perspektiven zu betrachten und frei zu wählen, welche ich bevorzuge. Diese Wahl geschieht auf der persönlichen Ebene des Ich. In mir ist oft eine unbändige Freude, dass ich dieses Leben erleben darf und jede Erfahrung, sei sie mit angenehmen oder unangenehmen Emotionen verbunden, wird auf dieser Ebene gefeiert. Auf einer tieferen oder höheren Ebene, wie immer du es nennen magst, gibt es keine Wahl in diesem Sinne. Denn alles, was wir dort sind, ist reines Bewusstsein. Das ist keine Wahl, das ist der Ursprung und das Ende, das Alpha und das Omega. Glaub es oder nicht. Das ist deine Entscheidung.

Sollte dies ein vollkommener Irrglaube sein und wir sind tatsächlich nur eine Art gut programmierter, funktionierender Körper und Gehirne, die am Ende ihrer Tage die Augen schließen und das war es dann – ja, dann hat die Wahl, die ich hier und jetzt getroffen habe, zumindest dazu beigetragen, dass ich ein glückliches und immer freieres Leben lebte und den Menschen in meinem Umfeld dadurch die Erlaubnis gab, auch ihr Glück und ihre Freiheit zu finden. Alles andere wäre für mich vollkommen sinnfrei.

DIE BOTSCHAFT

Dieses erste Werk soll dir dienen. Dienen als Übermittler einer Botschaft, die, wie ich mir innig wünsche, beim Lesen als Samenkorn dein Herz erreicht und erste zarte Sprossen auf den Weg der Entfaltung und Integration sendet. Diese Botschaft lebt jenseits von Grenzen, Einschränkungen und Fesseln jeglicher Art, die wir uns selbst auferlegen oder auferlegen lassen.

Erkenne, wie kostbar und wertvoll das Leben ist. Feiere dein Leben, indem du deine Freude am Leben ausdrückst und andere an deiner reinen Freude teilhaben lässt. Weigere dich, auch nur eine Sekunde deines Lebens zu verschwenden. Denn, ganz klar ausgedrückt: Du weißt nicht, ob du die nächste Sekunde überhaupt noch erlebst. Allein dieses Wissen ist ein Grund dafür, dein Leben zu genießen und dankbar zu sein für jeden geschenkten Augenblick.

Und „ja": Es gibt Situationen und Erfahrungen, die tun verdammt weh, doch besonders in diesen Momenten ist es wesentlich, sich dem Leben hinzugeben und die Freude am Leben lebendig zu halten. Vielleicht ist die Freude in diesen Zeiten etwas ruhiger und sanfter, nicht ganz so laut und wild wie in Zeiten, in denen es leichtfällt, sich zu freuen. Und doch ist sie da. Es ist eine Wahl, die du triffst – und es ist die ewige Weisheit in dir, die sich bewusst ist, dass du weit, weit mehr bist als dieses begrenzte Bewusstsein, welches sich „Ich" nennt.

Für mich ist es eine Verpflichtung, diese Botschaft in und mit meinem Leben auszudrücken: als Beispiel für das, was möglich ist – auch wenn die Umstände scheinbar dagegen sprechen.

Du bist frei.

Ein freies Wesen mit dem Geburtsrecht, glücklich zu sein.

Unabhängig deiner Herkunft, deines Glaubens, deiner Konditionierungen, deiner Erlebnisse in der Vergangenheit.

Triff heute die kühnste, wahrhaftigste und authentischste Wahl, die du vielleicht bisher in deinem Leben getroffen hast:

Dein Leben glücklich und in Freiheit zu leben.

*Als freies Wesen wurdest du geboren,
auf deinem Weg das Wissen verloren.*

*Glitzernd strahlt nun dein wahres Licht,
zeigt dir, wer du wahrhaftig bist.*

*Folge deines Lichtes Strahlen,
wandelbar sind all deine Wahlen.*

*Die dunklen Zeiten sind vorbei,
erkenne: Du warst und bist stets frei.*

Silke Naun-Bates

ETHIK

- Liebe. In allem sehe ich die Liebe wirken.
  Liebe ist Ursprung und Basis allen Lebens. Jeder Gedanke, jedes Wort, jedes Gefühl und jede Handlung entspringt im Kern der Liebe.

- Vollkommenheit. Alles ist bereits vollkommen. Ich erkenne die Vollkommenheit der Spirale und sehe ihre Entwicklung von Vollkommenheit zu Vollkommenheit.

- Vertrauen. Ich vertraue der unbegreiflichen Vollkommenheit des Lebens.

- Endlichkeit. Ich bin mir der Endlichkeit meines Körpers und Verstandes bewusst und sage aus diesem Grund jeden Tag wieder neu JA zum Leben.

- Verbundenheit. Alles ist EINS. Trennung ist Illusion.

- Demut. Ich bin mir der Beschränkungen meines Verstandes bewusst. Ereignisse werden durch die beschränkenden Filter meiner Wahrnehmung interpretiert und sind somit stets unvollkommen. So übe ich mich darin meinen Stolz und mein vermeintliches Wissen beiseitezulegen und mich vor der Unbegreiflichkeit und Vollkommenheit des Lebens würdevoll zu beugen.

- Dienen. Ich begegne dem Leben in der Haltung einer Dienerin. Dort, wo ich bin, diene ich dem Leben in seiner Gesamtheit.

- Freude. Durch Freude und Lebendigkeit drücke ich meine Liebe zum Leben aus.

- Humor. Meine Erfahrungen und gewonnenen Erkenntnisse transportiere ich auf humorvolle Art und Weise. Ich schätze Humor.

- Verantwortung. Ich übernehme die Verantwortung für meine Gedanken, Worte, Gefühle und Handlungen. Ich achte darauf, dass ich mich gut fühle.

- Achtung. Zutiefst achte ich dich, dein Leben und die Wahlen, welche du triffst. Ich maße mir nicht an, zu meinen, dass ich weiß, was für dich jetzt gerade stimmig und angemessen ist. Gerne unterstütze ich dich jedoch, Weisheit, Kraft und Antworten in dir zu finden.

- Klarheit: Fragst du mich nach meiner Meinung, einem Rat oder einer Einschätzung, antworte ich klar, direkt und freundlich. Wie du meine Antwort interpretierst und was du mit ihr anfängst, liegt in deiner Verantwortung.

- Begegnung: Innig wünsche ich mir, dass wir gemeinsam für die Zeit unserer Begegnung den Raum mit der Energie unserer Seelen erfüllen, dass meine Inspiration der Nährboden deiner Inspiration wird und deinen Geist und deine Seele beflügelt.

AUSSICHT

Als ich mit dem Schreiben dieses Buches begann, war für mich unklar, wie es sich entwickeln würde. Die Struktur entstand während des Schreibens. In diesem Buch ließ ich dich an Auszügen meiner Erfahrungen teilhaben, um dir zu zeigen, dass es stets weitergeht und es dir möglich ist, eine Wahl zu treffen, in welcher Qualität es für dich weitergeht. Dass alles, was du erlebst, deinem persönlichen Wachstum und somit dem Gesamten dient.

Während dieses Buch in Druck geht, schreibe ich bereits weiter. Ein Folgebuch sozusagen. In diesem zweiten Werk lasse ich dich, wenn du möchtest, teilhaben an dem, was mich auf meinem Weg in ein glückliches und freies Leben unterstützt hat. Kein Ratgeber im eigentlichen Sinne. Eine Aufforderung an dich, liebe Leserin, lieber Leser, deine eigene Wahrheit für dich zu entdecken, das Abenteuer und Mysterium Leben auf deine ganz besondere Art und Weise auszudrücken, zu gestalten und zu erleben.

DANKE

Meinen Dank schicke ich auf die Reise zu dir, liebe Leserin, lieber Leser. Ohne dich würde dieses Werk nicht in dieser Form existieren. Durch deine Beachtung und Aufmerksamkeit erweckst du es zum Leben. Was kann Schöneres als Geschenk an eine Autorin überreicht werden. Es ist mir eine Ehre, für dich schreiben zu dürfen und dir auf diese Art und Weise zu begegnen.

Mein tiefer und stiller Dank geht an meine Eltern.
Ihr beide habt mir durch Eure Verbindung das Leben geschenkt. Ein Mysterium ohne Gleichen. Eure Liebe hat mich getragen, ummantelt, herausgefordert, geschubst und wieder aufgefangen. Kein Wort wird je ausdrücken können, wie dankbar ich Euch bin und wie viel mir Eure Liebe bedeutet.

Was wäre unser Leben ohne die Menschen, die uns auf unseren Wegen begleiten, unsere Träume und Visionen mit in die Wirklichkeit tragen?

Ich bin zutiefst dankbar, von Menschen umgeben zu sein, die mich in diesem schöpferischen Prozess des Schreibens unterstützt haben. Gerne nutze ich den Raum, ihnen meinen tiefen Dank auszusprechen.

Cornelia Linder – Sheema Medien Verlag
Mein tiefer Dank zu dir, liebe Cornelia. Ohne dich wäre dieses Buch jetzt und hier nicht in der Welt. Dein Zugehen auf mich, deine Begleitung, dein ehrliches und stets förderndes Feedback, deine Begeisterung für dein Tun haben es mir ermöglicht, diesen Prozess entspannt und mit Hingabe zu meistern. Es ist mir eine Ehre, dich meine Verlegerin nennen zu dürfen. Danke für dein Vertrauen in mich.

Jules & Frank Oberle – Oberlephotoart
Jules und Frank – ihr zwei seid einfach klasse. Danke für das hervorragende, besondere und wundervolle Coverbild. Ihr habt umgesetzt, was ich nicht in Worte fassen konnte.

Samantha & Pascal
Meine Botschafter des Lebens
Samantha, meine mystische Hexe, und Pascal, mein kristallklarer Stern. Nur durch und mit eurer bedingungslosen Liebe war es mir überhaupt möglich, ein Buch wie dieses zu schreiben. Ich bin so stolz, eure Mutter sein zu dürfen. Ich glaube nicht, dass ihr beide auch nur ansatzweise ermessen könnt, wie viel mir euer Sein bedeutet. Ich liebe euch.

Konstanze Höfer-Büchler
Seelenschwester, Freundin und mich Durchschauende
Konni, dein unerschütterliches Vertrauen in mich, deine Umarmungen, die meine Seele berühren, deine selbstlose Begleitung auf all meinen Wegen, dein Mich-Zurückholen, wenn ich mich in der mentalen Welt zu verlieren scheine, deine Geschenke in Worten, Handlungen und Gesten, deine Achtsamkeit und Fürsorge, deine Begeisterung, deine Liebe. Für all das und noch so vieles mehr, was nicht in Worte zu fassen ist, danke ich dir. Ich verneige mich vor dir, deiner Würde, Kraft und Liebe.

Joe – Joachim Naun
Ausdruck meiner unendlichen Liebe, Partner, Seelengefährte, Erinnerer an das Wesentliche
Du bist die Erfüllung eines Traumes. Deine unendliche Liebe, deine Hingabe, dein Mich-Umsorgen, -Verwöhnen und -Tragen, deine Art, mich zum Lachen zu bringen, deine Arme, die mich schützend umfangen, mir Geborgenheit schenken, dein Blick, der meine Seele mit dem unausgesprochenen Versprechen, gemeinsam zu wachsen, berührt, der Raum, den du mir stets schenkst, mich auszudrücken, meiner Passion zu folgen. Deine Art, mein Frausein zu feiern, dein Begehren, deine Leidenschaft, deine Bereitschaft, dich stets auf eine Neuentdeckung unserer selbst einzulassen, die Freiheit, die ich durch dich erfahren habe. Ich liebe dich und bin zutiefst dankbar, dass uns beide stets das Ja füreinander begleitet.

Weggefährten

Meinen Weggefährten, all den Menschen, die mein Leben berührten, sei es für einen Augen-Blick oder über Zeitintervalle, spreche ich aus tiefstem Herzen meinen Dank aus.

Jeden einzeln zu benennen würde den Rahmen sprengen – doch sei dir sicher, dass unsere Begegnung wesentlich für mich und mein Leben war und ist.

In Liebe,
Silke

TIMELINE

1967 Geburt
1973 Einschulung
1976 April Unfall
1979 Hausbau der Eltern
1983 mein erster Freund
1984 Trennung der Eltern – Umzug nach Bayern
1985 Beginn meiner Ausbildung zur Bürokauffrau
1987 Abschluss der Ausbildung – Arbeitsaufnahme
1988 Geburt meines Neffen
1989 1. Heirat
1990 Geburt von Samantha
1991 Trennung – Kündigung – Abtreibung – Beziehung
1992 Eidesstattliche Versicherung – Trennung
1993 Beziehung – Arbeitsaufnahme Sachbearbeitung
1994 meine Schwester erhält die Diagnose Non-Hodgins-Lymphom – Geburt von Pascal
1995 Freundin stirbt durch einen Autounfall – meine Schwester stirbt
1999 Trennung – alle Schulden beglichen
2000 Freundin stirbt – ich falle in ein tiefes Loch

2001 Desaster-Umzug
2002 Ich krabble langsam aus dem Loch – Beziehung – Kündigung
2003 Ausbildung zur Persönlichkeitstrainerin – Paragliding – Aufnahme freiberufliche Tätigkeit
2004 Freundin erleidet während ihrer Schwangerschaft einen Hirnschlag – ihre Tochter kommt zur Welt – Freundin fällt ins Wachkoma – Arbeitsaufnahme in einer Beschäftigungsinitiative für Langzeitarbeitslose
2006 Kündigung in der Beschäftigungsinitiative
2007 Umzug zu meiner Mutter – Arbeitsaufnahme in der Jugend- und Erwachsenenbildung – Beendigung der freiberuflichen Tätigkeit – Beziehung
2009 Mein Neffe stirbt bei einem Unfall mit seinem Quad – endgültiger Bruch mit meiner Mutter – Einleitung der Privatinsolvenz – Heirat mit meinem jetzigen Mann
2011 Kündigung Jugend- und Erwachsenenbildung – Tod meiner Mutter – Arbeitsaufnahme in der Geschäftsführung Beschäftigungsinitiative
2012 Auszug Samantha – Restschuldbefreiung aufgrund vorzeitiger Abzahlung der Schulden – Ausbildungsbeginn bei Life Trust – Kündigung Beschäftigungsinitiative – Arbeitsaufnahme Jugend- und Erwachsenenbildung
2013 Gründung SiKo Potentialentfaltung GbR – Umzug Neckar-Odenwald – Beförderung – mein Großvater stirbt – mein

Schwiegervater erhält die Diagnose Darmkrebs
2014 Abschluss der Ausbildung Integrales Life Management – Freundin stirbt an den Folgen einer Infektion – mein Schwiegervater stirbt – unser Hund Sita kommt zu uns – Auflösung SiKo GbR
2015 freiberufliche Redakteurin – mein erstes Buch erscheint

WICHTIGE PERSÖNLICHE LEHRER UND INSPIRATIONSQUELLEN

- Bodo Deletz
- Dieter M. Hörner
- Veit Lindau
- Dr. Joe Dispenza
- Neale Donald Walsch
- Byron Katie
- Safi Nidiaye
- Bert Hellinger
- James Redfield
- Dan Millman
- Marianne Williamson
- Jiddu Krishnamurti
- Ein Kurs in Wundern
- Deepak Chopra

VITA

Silke Naun-Bates wurde 1967 in Westfalen geboren. Seit ihrem achten Lebensjahr fehlen ihrem Körper wesentliche Teile. Beide Beine wurden nach einem Unfall zur Erhaltung ihres Lebens amputiert. Den beteiligten Ärzten und ihrem Umfeld war bereits damals klar: Silke gehört ab jetzt in die Schublade „körperbehindertes Neutrum". Ein Leben als Frau, Partnerin, geschweige denn Mutter wird für Silke unmöglich sein. An Beruf und Arbeit hat damals keiner gedacht. Es war klar, dass Silke stets auf Hilfe und Unterstützung anderer Menschen angewiesen sein würde. Heute blickt Silke dankbar schmunzelnd zurück auf die Begrenztheit der damaligen Überzeugungen, welche sie verführten, das Gegenteil zu beweisen.

Silkes vollkommenes Ja zum Leben entsprang ihren Begegnungen mit dem Tod, welcher über eine gewisse Zeitspanne ihre gesamte Aufmerksamkeit auf sich lenkte. Das Einlassen auf den Tod und ihre daraus resultierenden Erlebnisse und Erfahrungen sind bis heute essenzielle Begleiter für Silke. Ihre Beziehung zu ihren Kindern und Partnern waren und sind für Silke ihre wahrhaftigsten Lehrer. Im Brennglas der Liebe lernte sie Hingabe und Vertrauen an das Leben.

„Mein tiefer Wunsch ist es, dass jeder Mensch erkennt, dass wir freie Wesen sind mit dem Geburtsrecht, glücklich zu sein – vollkommen unabhängig von unserer Herkunft, unserem Glauben, unseren Konditionierungen und Erlebnissen der Vergangenheit."

Foto © Dietrich Skrock – www.skrock.de

Beruflich begleitet Silke seit über zehn Jahren Menschen mit vielfältigen körperlichen und psychischen Geschichten auf ihrem Weg zurück in die Arbeitswelt.

Seit 2014 bietet Silke regelmäßig Seminare an.

Sie lebt und liebt gemeinsam mit ihrem Partner im Neckar-Odenwald-Kreis. Ihre zwei Kinder Samantha und Pascal sind bereits erwachsen.

Die Essenz ihrer Erfahrungen spiegelt sich in ihrer Aussage: Beyond Limits – frei und glücklich leben.

www.silkenaunbates.com

Empfehlungen aus dem Sheema Medien Verlag

Martina Kersting: **CPM ist nicht mehr Curry-Pommes-Mayo**
Dies ist ein authentischer Erfahrungsbericht. Und es ist etwas darüber hinaus: die Aufforderung, das Leben in JEDEM Moment als Geschenk zu sehen – selbst, wenn gerade etwas „Schlimmes" passiert, egal, ob Krankheit, Trennung oder ein anderer Schicksalsschlag. Jede Krise birgt in sich die einmalige Gelegenheit, dem Leben eine neue Richtung zu geben. Die Autorin legt hier Zeugnis darüber ab, wie die zweijährige Behandlung der Leukämie-Erkrankung ihres Sohnes sie nachhaltig positiv verändert hat. Hardcover, ISBN 978-3-931560-46-1

Jim Dreaver: **Frei von Geschichten leben**
Es braucht drei Schritte, um unserem Leben eine neue Richtung zu geben: Sei präsent mit deinen Erfahrungen, nimm deine persönliche Geschichte dazu wahr und erkenne die Wahrheit. Einfach und präzise beschreibt Jim Dreaver anhand seiner eigenen Entwicklung, wie es gelingen kann, ganz in der Gegenwart anzukommen und auch die schwierigsten Herausforderungen mit neuen Augen zu sehen.
Carlos Santana hat das Buch gelesen und empfiehlt es!
Paperback, ISBN 978-3-931560-43-0

Dietrich Wild: **Der Tigerbericht** (Hörbuch)
Eine poetisch-musikalische Reise in die Wüste Sinai - übermittelt von Shunryu Suzuki-roshi, aufgeschrieben und erzählt von Dietrich Wild, mit optimal abgestimmter Musik von Al Gromer Khan. *„Wenn du vollkommen still wirst, hörst du alles!"*
Doppel-CD, Spieldauer: 108 Min., ISBN 978-3-931560-18-8

Empfehlungen aus dem Sheema Medien Verlag

Patrick Kammerer / SEOM: **Feel Go(o)d**
Das bezaubernde Wortspiel seines ersten Buches passt wunderbar zu ihm: Patrick Kammerer, der unter dem Künstlernamen SEOM als Musiker erfolgreich sein Publikum begeistert. Mit „Feel Go(o)d" tritt er nun erstmals als Autor auf und präsentiert sein Buch voller Liebe und Hingabe. Er ist ein Mensch der neuen Zeit und schreibt in der ihm eigenen Sprache seines Herzens. Damit berührt er die Leser unmittelbar, öffnet neue Sichtweisen und trifft immer genau den richtigen Punkt.
Hardcover, ISBN 978-3-931560-57-7

Katrin Langholf: **Von der Schönheit, Frau zu sein**
Die Autorin nimmt uns mit auf eine Reise in die individuelle und kollektive Geschichte der Weiblichkeit. Wir sind eingeladen, uns auf einen inneren Prozess einzulassen, um mehr über das Frau-Sein zu erfahren und uns auf tieferen Ebenen selbst zu begegnen. Mit vielen praktische Anregungen und Übungen, mit denen wir herausfinden, welche Einflüsse uns von den Wurzeln der weiblichen Energie über lange Zeit getrennt haben und wie wir zu ihnen zurückfinden. „Eine eigenwillige Initiation ins Frau-Sein."
Paperback, ISBN 978-3-931560-15-7

www.sheema-verlag.de

Besuchen Sie unsere Homepage,
dort finden Sie weitere Bücher und CDs.
Wir freuen uns auf Sie!

www.sheema-verlag.de

Kontakt

Sheema Medien Verlag
Bücher. Aus Liebe.

Hirnsbergerstr. 52
D - 83093 Antwort

Tel.: 08053 - 7992952
Fax: 08053 - 7992953

E-Mail: info@sheema.de
http://www.sheema-verlag.de

SHEEMA

MÖGEN ALLE WESEN GLÜCKLICH SEIN